多元视角下旅游产业创新发展研究

宋　娜　黄文琴　刘　涛　努尔艾拉·依斯皮力　著

吉林文史出版社

图书在版编目（CIP）数据

多元视角下旅游产业创新发展研究 / 宋娜等著．一

长春：吉林文史出版社，2024.1

ISBN 978-7-5752-0066-0

Ⅰ．①多… Ⅱ．①宋… Ⅲ．①旅游业发展－研究－中国 Ⅳ．① F592.3

中国国家版本馆 CIP 数据核字（2024）第 042866 号

多元视角下旅游产业创新发展研究

DUOYUAN SHIJIAO XIA LÜYOU CHANYE CHUANGXIN FAZHAN YANJIU

著　　者：宋　娜　黄文琴　刘涛　努尔艾拉·依斯皮力
责任编辑：高丹丹
出版发行：吉林文史出版社
电　　话：0431-81629359
地　　址：长春市福祉大路 5788 号
邮　　编：130117
网　　址：www.jlws.com.cn
印　　刷：河北万卷印刷有限公司
开　　本：710mm×1000mm　1/16
印　　张：14.75
字　　数：220 千字
版　　次：2024 年 1 月第 1 版
印　　次：2024 年 1 月第 1 次印刷
书　　号：ISBN 978-7-5752-0066-0
定　　价：98.00 元

前　言

在全球化与信息技术快速发展的今天，旅游业已成为推动世界经济增长的重要动力。随着经济全球化和区域经济一体化的深入发展，旅游业在促进国际交流、增加就业机会、推动区域经济发展等方面的作用日益凸显。《多元视角下旅游产业创新发展研究》这本书旨在深入探讨旅游业在新经济背景下的发展趋势，分析其结构优化、与文化产业的融合、信息技术和大数据应用的创新路径，以及智慧旅游新业态的发展等。

第一章主要介绍旅游及旅游产业的基本概念，了解什么是旅游和旅游产业，它们有着怎样的特征、作用等。第二章着重于旅游产业结构的优化，分析影响旅游产业结构的关键因素，并提出优化旅游产业结构的具体策略，以应对日益激烈的市场竞争。第三章讨论旅游产业与文化产业的融合发展，从旅游与文化的基本关系出发，深入探讨两者的融合机理，并具体分析如何将旅游产业与乡村文化、体育文化及影视文化有效结合，创造新的业态和市场机会。第四章集中讨论信息技术对旅游产业的深远影响，通过分析信息技术的发展如何重新构建旅游消费模式、产业结构及供应链，揭示了技术创新如何推动旅游业的转型升级。第五章聚焦于大数据对旅游产业的应用及其带来的创新发展，探讨大数据技术如何使旅游业务更加智能化，提高效率，以及在大数据时代下，旅游产业需要采取的创新策略。第六章描述智慧旅游新业态的发展，包括智慧景区、智慧酒店和智慧旅行社的具体案例，展示如何通过技术创新改善旅游体验和服务质量。第七章讨论在新时期下旅游产业的战略发展，提出旅游产业的长远战略目标，分析如何制定有效的竞争策略，以及推动旅游业持续健康发展的策略。

笔者通过对旅游业的深入分析和探讨，旨在为读者提供一个全面的视角，以理解和把握旅游业在当今快速变化的环境中的发展机遇与挑战。本书既适用于旅游业界的专业人士和学者，也适合对旅游业发展感兴趣的广大读者群体。

目　录

第一章　旅游与旅游产业概述

第一节　旅游概述

一、旅游的概念

《中国百科大辞典》中提出："旅游是人们观赏自然风景和人文景观的旅行游览活动，包含人们旅行游览、观赏风物、增长知识、体育锻炼、度假、疗养、消遣娱乐、探险猎奇、考察研究、宗教朝觐、购物留念、品尝佳肴以及访友等暂时性移居活动。从经济学观点看，是一种新的高级消费形式。"

谢彦君等人提出："旅游是个人以前往异地寻求审美和愉悦为主要目的而度过的一种具有社会、休闲和消费属性的短暂经历。"[①] 该定义强调了四个要点：旅游的根本目的在于寻求审美和愉悦体验、旅游是一种个人体验、空间上的异地性、时间上的暂时性。

李天元认为："旅游是人们出于移民和就业任职以外的其他原因离开自己的常住地前往异国他乡的旅行和逗留活动，以及由此所引起的现象和关系的总和。"[②]

虽然上述对旅游的定义在侧重点上存在差异，但共同点在于两个核心要

---

①　谢彦君，徐明．旅游学概论 [M]．大连：辽宁师范大学出版社，1997：6.

②　李天元．旅游学概论 [M]．天津：南开大学出版社，2009：11.

素：第一，旅游涉及离开日常居住地，前往其他地区或国家的活动；第二，旅游包含了在旅游目的地进行的短期逗留。此外，无论采用哪种视角定义，旅游总是有其特定目的，这些目的可能是休息、公务，或者是追求审美、娱乐和社交。对大多数游客来说，旅行主要是为了寻求心灵愉悦，因此，以审美享受和快乐为目的的旅游活动符合现代旅游的实际特征。

二、旅游的要素

就旅游活动来说，其要素主要包括六个：吃、住、行、游、购、娱，国内关于旅游活动要素，主要有两种说法："三体"说和"新六要素"说。

（一）"三体"说

1. 旅游主体

旅游主体，指的是参与旅游活动的人们，他们是旅游活动的发起者和体验者。这些个体或群体出于休闲、探险、学习、商务等多种动机，离开日常生活或工作环境，前往其他地区或国家，他们在旅游过程中，通过亲身体验和感受，满足各种需求，包括放松身心、增长见识、体验不同文化或达成商业目标等。旅游主体的特征、需求和行为对旅游市场的发展和旅游产品的设计有着决定性影响，他们是旅游活动的参与者，也是旅游行业发展的推动者。随着时代的发展和社会的进步，旅游主体的需求和偏好呈现出多样化和个性化的特点，这对旅游业提出了更高的要求，促使其不断创新和调整，以适应不断变化的市场需求。

2. 旅游客体

旅游客体是指旅游活动中的目的地，包括那些具有吸引旅游者的自然景观、文化遗产、历史古迹以及各种人造旅游资源和设施。这些客体因其独特的魅力和特色，成为旅游者追求体验和探索的焦点。旅游客体的吸引力不仅源于其自然美景和文化价值，更在于它们能够为旅游者提供独特的、不可复制的体验。例如，历史古城的古色古香、自然保护区的原始风貌、文化遗址的历史厚重，都是旅游者无法在日常生活中体验到的。旅游客体的可持续发展对旅游业来说至关重要，过度的商业开发和游客压力可能会损害这些资源的原有价值和魅力，所以需要在保护和开发之间找到平衡点。旅游客体的管理和规划，要注重其自身的保护和恢复，还要考虑到如何提升游客的体验质量，包括增强环境的可接入性、提供高质量的解说服务以及改善基础设施，提升游客的满意度和忠诚度，为当地经济带来可观的收益，同时确保文化和自然资源的长期可持续性。

3. 旅游媒体

旅游媒体，作为旅游业的一个重要组成部分，扮演着促进旅游活动顺利进行的关键角色，并为旅游者提供多样化的旅游商品和服务。旅游业是一个跨领域的综合性产业，其发展与各种经济和非经济部门紧密相关[1]。涵盖的范围包括旅行社、饭店、交通等方面，旅游媒体在旅游过程中起到了桥梁的作用，将旅游者与旅游目的地有效连接，使旅游者能够通过其提供的服务接触到各种旅游资源。随着社会发展和人们生活水平的提升，大众旅游时代已经到来，越来越多的人通过旅游业提供的各种服务来实现旅游需求。旅游业的服务虽然不是旅游活动的终极目的，但它确实起着重要的作用，它不仅简化了旅游准备过程，还消除了旅行中可能遇到的种种不便，这些服务包括交通、住宿、餐饮等，它们极大地丰富了旅游者的体验，并为旅行过程中可能出现的问题提供解决方案。随着旅游业的不断发展和完善，旅游者的活动范围得以拓宽，旅游时间更加灵活，且所涉及的活动内容日益丰富，为旅游者带来深入的旅行体验。旅游媒体的发展，无疑对旅游业的整体繁荣和发展起着重要的作用。

旅游业在市场供需双方之间建立了有效连接，从供给侧来看，旅游业基于市场需求，科学地组织和设计旅游产品与活动，并提供一系列与市场需求相匹配的附加服务。从需求侧来看，旅游业运用多样化的策略和方法来吸引客源，促进旅游产品的销售。事实上，自旅游业诞生之日起，其组织功能就

---

① 罗敏. 新时期旅游产业发展与变革 [M]. 北京: 北京工业大学出版社, 2019 : 3.

显得至关重要，它是推动该行业形成和发展的基石。

对于旅游活动而言，旅游主体、客体和媒体之间存在着紧密联系，这三个元素共同构成了旅游活动的完整体系，其中任一要素的变化都会影响其他要素。例如，旅游者的喜好和决策将决定他们的旅游目的地选择；旅游者的流量和流向，以及他们在时间和空间上的变化，将对旅游目的地的开发、服务设施建设产生影响。这些变化还会影响到旅行社、酒店等旅游媒体的运营情况，如果旅行社对某一旅游地的宣传效果良好，这通常意味着该旅游地本身具有较强的吸引力，这种吸引力会反作用于旅游者的选择，从而增加旅游者的流量。随之而来的是，旅游目的地的开发规划、环境保护措施等方面将受到影响，并且该地区的基础设施建设和其他相关领域会经历相应的变革。因此，旅游业的组织功能在整个旅游活动中扮演了重要的角色，连接了旅游者与目的地，在旅游行业的各个层面之间建立了有效的互动和协调。

（二）"新六要素"说

"新六要素"说主要包含以下几个内容，如图 1-1 所示。

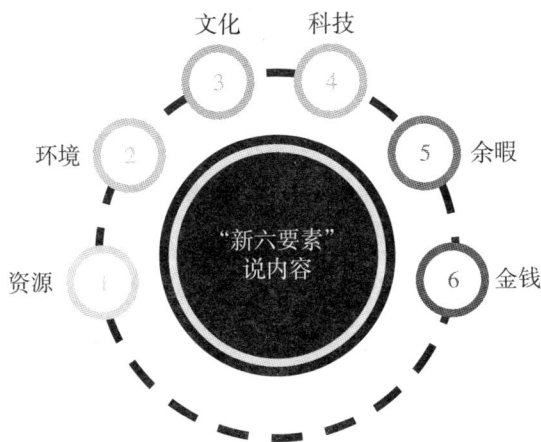

图 1-1 "新六要素"说内容

1. 资源

旅游资源是旅游活动中的核心要素，它直接决定了旅游地的吸引力及其发展潜力。旅游资源的内涵广泛，涵盖自然资源和人文资源。自然资源主要包括风光旖旎的自然景观、独特的地质地貌以及丰富的生物多样性等，这些都是吸引游客的自然宝藏。而人文资源涉及历史遗迹、民俗文化、艺术作品以及各种人类活动创造的文化价值。旅游资源的魅力在于其独特性和不可复制性。

旅游资源是旅游业发展的物质基础，也是旅游目的地持续吸引游客的关键。一个地区的旅游资源丰富性和多样性往往成为评价其旅游发展潜力的重要标准，例如，拥有壮丽山川、清澈湖泊或丰富的野生动植物的地区，往往能吸引热爱自然和探险的游客；而历史悠久、文化底蕴深厚的城市，则能吸引对历史和文化感兴趣的游客。所以，有效地开发和利用旅游资源，不仅能促进当地经济发展，还能提升区域的文化价值和社会认同感。

为了实现旅游资源的可持续利用，应当加强对旅游资源的保护和合理开发，包括对自然资源的保护、对文化遗产的维护以及对生态环境的持续关注。旅游资源的保护是对当地自然和文化遗产的责任，也是实现长期旅游业发展的必然要求。通过科学规划和管理，旅游资源能够为当地带来经济效益，同时保持其独特性和吸引力，为未来世代提供持续的旅游体验。

2. 环境

旅游环境涉及自然环境和人文环境两个方面，它们共同构成旅游者体验目的地的基本条件。

自然环境包括地理位置、气候条件、自然景观等，这些自然要素对于旅游者的吸引力不言而喻，它们为旅游者提供了一种远离日常、亲近自然的机会。相反，一个恶劣或不适宜的自然环境会大大降低旅游地的吸引力，例如，过于寒冷或酷热的气候、污染严重的空气和水源等都会对旅游者产生负面影响。

人文环境包括当地的文化传统、社会习俗、居民态度、安全状况等，这些因素同样对旅游者的体验产生深远影响。友好的居民、丰富的文化活动、安全稳定的社会环境等都能够为旅游者提供愉快的旅行体验。相反，如果旅游目的地的居民对旅游者持有敌意或者文化差异引起的不适应，会对旅游体验产生负面影响。

3. 文化

文化通常被细分为物质文化、制度文化和精神文化这三个层面。物质文化体现为文化的具体物质存在，如建筑风格、工艺品等；制度文化体现在社会规则、习俗和行为准则中，是社会交往的规范；精神文化更为抽象，它反映在人们的价值观、信仰和思维方式中。在旅游的方方面面，这三重文化层面都有所体现，它们共同构成了旅游的文化底蕴。

旅游本质上是一种文化活动，反映了人类对于更高层次精神文化需求的追求，这种需求源自人们对于生活的体验和欣赏，旅游活动的产生便是为了满足这种高层次的精神需求。历史上，旅游作为一种社会活动并非在人类最初阶段就已形成，而是随着人们基本生活需求的满足和社会的进步而逐渐发展起来的。旅游需求的出现预示着人类从基本的生存需求转向更高层次的自由和审美需求。旅游的发展历程表明，人们的旅游需求与其社会文化发展水平密切相关，随着社会发展和人们生活水平的提高，旅游需求也在不断升级，从最初的探险和观光逐渐转向休闲和娱乐。本质上，旅游是一种追求精神愉悦和文化体验的活动，它与人的审美活动紧密相连。旅游服务因此不仅仅是简单的休闲娱乐服务，更是一种文化服务。从这个角度来看，旅游业实质上也是一种文化产业，其核心是提供文化体验和满足人们高层次的精神需求，是文化交流和文化创新的重要渠道。

4. 科技

科技的飞速发展使得旅游信息传播广泛而便捷。互联网和移动技术的普及，使得旅游者能够通过线上渠道获取丰富的旅游资源信息，包括目的地介绍、旅游攻略、住宿预订等。这种信息的便捷获取极大地方便了旅游者的行程规划，提高了旅游的效率和质量。科技还可以提升旅游体验，例如，虚拟现实（VR）和增强现实（AR）技术的应用，为旅游者提供了沉浸式的旅游体验，通过这些技术，旅游者能够在未出行前就预览目的地的景观，甚至体验到与现实旅行相媲美的感受。人工智能和机器学习的应用也在优化旅游服务中起到了重要作用，如通过数据分析提供个性化的旅游建议和服务。通过智能化的资源管理和环保技术，科技有助于减少旅游业对环境的影响，实现绿色旅游，例如，智能交通系统、能源效率高的酒店设施等，都是科技助力实现旅游业可持续发展的例证。

5. 余暇

旅游活动作为一种文化高度体现，满足的是人类对精神文化的深层需求，这种活动的实现依赖人们投入的时间和精力，突显出余暇的重要性作为旅游的基本要素。旅游者的支付能力、可支配的空闲时间和旅游动机共同决定了旅游活动的可能性。

随着旅游业的快速发展，其已成为国民经济的新动力源泉。为了最大限度地满足旅游需求，进而推动经济增长，需要提供更多、更长、更集中的余暇时间。在这种情形下，对劳动和用工制度的改革显得尤为关键，为了充分发掘旅游潜在的经济带动效应，需要探索如何有效地缩短劳动时间、增加休闲时间，以便更好地适应和满足市场对旅游的日益增长的需求，激发旅游业的发展潜力，为经济增长贡献更多动力。

6. 金钱

旅游者的旅游支付能力直接决定了他们能否进行旅游活动，以及他们选择的旅游目的地和旅游方式，金钱的充足与否影响着旅游活动的质量和深度，从简单的短途旅行到豪华的国际游，不同的经济能力带来的旅游体验截然不同。旅游业的持续发展与繁荣也离不开金钱的支持，旅游业的各个分支，如酒店业、餐饮业、旅游交通和旅游景点的建设和维护，都需要巨额的资金投入。资金的流动能够保障旅游设施的建设和改善，还有利于促进旅游业务的创新与扩展。此外，旅游业的蓬勃发展也为旅游目的地带来了经济上的利益，促进了当地经济的增长，增加了就业机会，提高了地区的经济水平。由此可见，金钱在旅游领域内具有双重意义：对旅游者而言，它是实现旅游愿望的基石；对旅游业而言，它是支持行业发展和创新的动力源泉。金钱的流动和分配在旅游业的各个层面都发挥着重要作用，是支撑旅游业健康、持续发展的关键要素。

三、旅游的特征

（一）普及性

旅游的普及性体现在其越来越成为广大人民群众生活方式的一部分，不再是少数人的专属活动。随着社会经济的发展和人民生活水平的提高，越来越多的人拥有了旅游的能力和机会，旅游逐渐从一种奢侈的休闲活动转变为大众化的、普及性的休闲方式。无论是城市居民还是农村居民，无论是青少年还是老年人，都在各自的能力范围内享受着旅游带来的乐趣和益处。这种普及性的增强，使得旅游活动本身变得多样化和丰富，也推动了旅游业的持续繁荣，带动了相关产业的发展，对经济社会产生了深远的影响。旅游业的普及性也使得它成为推动文化交流、增进民间友好的重要途径，促进了不同文化之间的相互理解和尊重。

（二）地缘性

旅游的地缘性，即地域集中性，是指旅游活动往往在特定的、有限的地域范围内集中发生。这种特性源于旅游目的地的吸引力，如自然景观、文化遗产、特殊的气候条件或独特的社会文化环境，这些因素集中在某一地区，使得该地区成为吸引游客的热点。地缘性的显著表现是旅游资源分布的不均衡性，导致旅游活动的空间集中，某些地区因其独特的旅游资源而成为热门旅游目的地，这种集中性带来的直接后果是旅游资源地的经济和社会文化活动的兴旺，也可能带来资源过度开发和环境负担的问题。对此，旅游地缘性要求旅游目的地在吸引游客的同时，注重旅游资源的可持续利用和环境保护，实现旅游业与当地社会经济的和谐发展。

（三）综合性

旅游业的综合性体现在它涵盖了众多相关领域和行业的特征，这些领域包括但不限于文化、娱乐、休闲、交通、餐饮、住宿等。旅游活动的发生需要这些多元化领域的协同配合，以满足旅游者的广泛需求。例如，一次成功的旅游体验可能包括乘坐交通工具到达目的地、在酒店住宿、品尝当地美食、参加文化活动、购买纪念品等多种活动的综合。这种综合性丰富了旅游的内涵，也使旅游业成为一个复杂的系统，涉及广泛的经济和社会层面。旅游业的综合性还体现在它对经济发展、文化交流、环境保护等多个领域的影响上，这要求旅游业的发展不仅要注重经济效益，还要考虑到社会责任和环境的可持续性。

（四）文化性

通过旅游，人们能够接触和学习新的文化形式，如语言、美食、音乐和艺术，这种文化交流促进了对多样性的认识和尊重。例如，访问一座古老的城市，不仅是看建筑和街道，更是了解它的历史背景和文化内涵。旅游还为文化遗产的保护提供了动力，旅游者的兴趣和需求激励当地社区保存和展示其独特的文化特色，这有助于文化遗产的传承，也为地区经济发展带来了积极影响。

（五）异地性

旅游的异地性是其基本特征之一，指的是旅游活动通常发生在与旅游者日常生活地不同的地方，旅游异地性体现在人们为了旅游而离开熟悉的生活环境，前往一个新的、与日常生活有显著区别的地点。异地性不只是地理位置上的改变，更是环境、文化、习俗，甚至气候的变化，为旅游者提供了一种全新的体验。旅游者通过这种跨越地域的活动，有机会接触不同的文化背景，体验不同的生活方式，从而获得新的见解和感受，例如，一个生活在都市的人前往偏远的乡村或自然保护区旅游，除能够看到不同的风景外，更能感受到与城市截然不同的生活节奏和文化氛围。异地性使旅游成为一种探索未知、体验新奇的活动，这种新奇来源于旅游地的不同，使得旅游活动本身充满了探险和发现的乐趣。

（六）短暂性

旅游的短暂性是指旅游活动通常具有时间上的限定性，即旅游者在旅游目的地的停留时间相对较短，不是长期居住或定居，这种短暂停留的特性使得旅游活动区别于迁移或长期居住。旅游者的目的多为休闲娱乐、探险探访或商务交流，而这些活动往往在有限的时间内完成。例如，一次旅游可能只持续几天到几周的时间，旅游者在这段时间内尽可能地体验和享受旅游地的风土人情、自然景观或文化特色。短暂性也意味着旅游活动必须在有限的时间内对旅游资源进行高效利用，以达到预期的旅游体验，由于时间的限制，旅游者往往需要事先规划旅游路线和活动，以确保在有限的时间内实现最佳的旅游体验。旅游的短暂性还体现在其对旅游目的地的影响上，旅游者的短暂停留虽然可能给当地经济带来利益，但对于当地的长期社会文化环境和生态系统产生的影响有限。

（七）流动性

旅游的流动性体现在旅游活动本身固有的运动和转移特性，旅游作为一种社会文化现象，其核心在于人们从一个地方移动到另一个地方进行休闲、探险、商务或文化交流等活动。这种移动是地理位置的改变，更是文化、环境和经历的转变，流动性使得旅游者有机会跨越地理界限，接触不同的自然环境和社会文化背景，获得新鲜的体验和知识。同时，这种流动性对目的地产生影响，旅游者的到来带来经济收益和文化交流，也可能带来环境压力和文化冲击。旅游的流动性既是旅游者身体上的移动，也包括心理上和情感上的变化。旅游者在旅途中的所见所闻、所感所思，促使他们的认知得到扩展、情感得到丰富，这种心理层面的流动性是旅游活动不可或缺的一部分。

四、旅游的影响

（一）旅游发展对经济的影响

1.创造更多就业机会

旅游业具有显著的劳动密集型特征，这使得其在创造就业机会方面具有显著优势。由于旅游业的服务性质要求直接与游客接触，提供个性化服务，所以，它需要大量的人力资源。旅游业的就业岗位覆盖范围广泛，涵盖从基础服务到高级管理等多个层次，满足不同教育和技能水平人士的就业需求。这种岗位的多样性可以为从事各种技能水平的求职者提供机会，也使得旅游业成为一个包容性强的行业。无论是需要简单技能的劳动者，还是需要高级专业知识和管理技能的人才，旅游业都能提供相应的职位。多元化的就业机会使得旅游业在提供就业方面具有广泛的吸引力和重要性。

2.有助于增加外汇收入，平衡国际收支

当游客从其他国家来到一个国家旅游时，他们在该国消费，如住宿、餐饮、购物、交通和娱乐等，这些消费活动直接带来外汇收入，这种收入对于依赖旅游业的国家尤为重要，可以显著增加其外汇储备。此外，旅游业的发展促进了国际贸易平衡，对许多发展中国家和小型经济体而言，旅游业是主要的外汇来源之一，通过吸引国际游客，这些国家能够有效地增加外汇收入，减少贸易赤字，进而平衡国际收支。

3.有利于旅游扶贫致富，缩小地区差异

一方面，通过旅游扶贫，贫困地区能够利用自身独特的自然景观和文化遗产，吸引游客，带动当地经济发展。例如，中国的乡村旅游项目就是一个成功案例，它通过发展农家乐、民宿和当地特色文化旅游，有效帮助农村地区增加收入，改善当地居民的生活水平。另一方面，旅游业能够促进当地基础设施的建设，如交通、住宿和服务设施的改善，这些基础设施的提升对于当地居民的日常生活和长期经济发展都重要。以印度尼西亚巴厘岛为例，旅

游业的兴盛带来了显著的基础设施改善，提高了当地居民的生活质量，吸引了更多的投资和商业活动。

4. 有利于调整地区产业结构，带动相关产业发展

旅游业本身作为一个多元化的产业，直接促进了酒店业、餐饮业、交通运输业和零售业等多个行业的发展。随着旅游业的扩张，这些行业不断创新和升级，实现了地区产业结构的优化，例如，一个旅游热点的发展，既需要酒店和餐饮服务，还需要交通工具和购物设施等，这些需求带动了当地或周边区域多个产业的共同成长。另外，旅游业的发展能够激发地区内其他产业的创新和发展，例如，文化和艺术产业通过旅游业获得展示的平台，从而得到广泛认可和发展机会。同样，农业和手工艺品等传统产业也能通过旅游业找到新的市场和销售渠道。这些传统产业的发展丰富了旅游目的地的吸引力，也带动了地方经济的多样化发展，带动了金融、保险和咨询服务等现代服务业的发展，提升了地区产业结构的层次。

5. 有利于加速货币回笼

我国当前一大任务就是拉动内需，而发展国内旅游就可以实现这一目标，从而加快货币回笼①。在一个地区的旅游业发展过程中，众多的旅游相关消费（如酒店住宿、餐饮服务、旅游购物、娱乐活动等），直接导致大量资金流入该地区。这些资金流通涉及直接接触游客的服务业，也包括与之相关的物流、供应链等行业，游客的消费行为成为促进资金流动的直接动力，使得本地区的货币流通速度加快，实现货币的快速回笼。此外，旅游业的发展能吸引外来投资，增强货币回笼的速度，随着旅游业的不断壮大，吸引了大量的投资者和企业参与旅游业链，包括酒店建设、旅游项目开发、基础设施建设等，这些投资活动既为当地经济注入了新的活力，也为货币流通注入了新的动力。这些资金的流入不仅促进了当地经济的发展，也增强了旅游目的地的吸引力，形成了良性循环。投资者和企业的活动增加了当地市场的供给，提供了更多的就业机会，增加了居民的收入和消费能力，加速了货币的流通。

---

① 罗敏. 新时期旅游产业发展与变革 [M]. 北京：北京工业大学出版社，2019：15.

（二）旅游发展对社会文化的影响

1. 有助于文化的交流

旅游活动本质上是一种跨地域、跨文化的交流过程，游客在旅游目的地接触并体验当地的风土人情、历史遗迹和艺术形式，这不仅丰富了他们的知识、开阔了他们的视野，也为不同文化间的相互理解和尊重搭建了桥梁。旅游地通过接待来自不同背景的游客，将本地的文化、传统和价值观展示给世界，有助于提升本地文化的国际影响力。这种文化的传播和交流，促进了文化的保存和传承，还有助于增进不同民族和地区之间的相互了解和尊重，减少文化冲突，增强全球文化多样性的共识。

2. 有助于科学技术的交流和发展

随着全球旅游业的蓬勃发展，各地不断引进和应用新的科技成果以提升旅游体验，从而促进了科技的传播和创新。例如，数字化技术在旅游业中的广泛应用，如虚拟现实（VR）技术在景区的互动体验、在线预订平台的便捷服务等，都是科技与旅游业结合的典型案例。此外，为了满足国际游客的需求，许多旅游目的地在科技基础设施上进行投资，如提升无线网络覆盖、安装智能导航系统等，这些都直接推动了当地乃至全球的科技发展。

3. 有助于民族文化的保护与发展

在经济全球化和对外开放的背景下，文化已成为国家国际竞争力的关键要素之一。对各国和地区而言，民族文化是其独特的旅游资源，旅游业的发展对民族文化的保护和发展具有极大的推动作用。随着旅游业的兴盛以及迎接外国游客的需求，许多地方重拾和复兴了曾被忽略的传统习俗，传统手工艺品市场得益于市场需求的增长而焕发新生，传统音乐、舞蹈和戏剧等文化形式被重新赋予重要性，历史悠久的建筑得以修复和维护。这些被遗忘的文化遗产，在旅游业发展的助力下得以再次焕发活力，成为吸引游客的独特资源，并增强了当地居民对自身文化的自豪感。因此，旅游业不仅有力地促进了民族文化遗产的保护和振兴，而且使这些文化成为旅游目的地独有的宝贵资产，受到游客的广泛欢迎。

（三）旅游发展对环境的影响

1. 旅游地以自然环境为基础发展旅游业

旅游业的发展往往以自然环境作为其基础，因为自然景观和地理特征是吸引游客的主要因素之一。例如，海滩、山脉、湖泊、森林和国家公园等自然资源为游客提供了独特的旅游体验，也成为旅游目的地的核心吸引力。保护这些自然环境成为旅游地发展的关键，有效的环境管理和可持续旅游实践对于保持旅游地吸引力相当重要，如果没有良好的环境保护措施，过度旅游可能会导致生态退化、水源污染和生物多样性的减少，从而损害旅游地的长期吸引力。旅游地的发展策略需要紧密结合环境保护和可持续性原则，确保旅游业的发展不会对自然环境造成不可逆转的损害，同时为未来的游客和当地社区保留这些宝贵的自然资源。

2. 旅游发展有利于环境的保护和改善

首先，旅游业的兴起增强了人们对自然环境保护的认识和重视。为了保持旅游目的地的吸引力，除地方政府会采取措施保护自然景观和生态系统外，游客和当地社区也越来越意识到维护环境的重要性。此外，旅游收入的一部分被用于环境保护项目，如建立和维护自然保护区、生态旅游项目和野生动植物保护，这些措施有助于恢复和保持自然生态平衡，促进生物多样性的保护。旅游业还推动了环保技术的应用和发展，如可再生能源、水资源的节约与循环利用、垃圾分类处理等，这些技术的应用有助于减少旅游活动对环境的负面影响。

第二节　旅游产业概述

一、旅游产业的内涵

旅游产业就是以旅游者为对象，为其旅游活动创造便利条件并提供其所需商品和服务的综合性产业[①]。该产业不同于其他更明确界定的行业，因为它融合了多种不同领域的服务和产品，旅游产业的独特之处在于：虽然它涵盖的各个部分，如旅行社、交通、酒店等，各有不同的主营业务，但它们共同的目标是为旅游者提供便利和服务，实现整体旅游产品的统一。

旅游产业的范围广泛，包括旅游资源的开发和利用，还包括旅游服务的核心部分，如旅行社、交通和住宿。此外，其他部门为旅游产业的发展提供支持和配合，这表明旅游产业是一个复杂的综合体，它的存在和发展依赖多种因素的共同作用。

旅游产业以旅游资源为基础，依靠旅游设施作为发展条件，旨在为旅游者提供多样化的服务。与传统产业相比，旅游产业的独特之处在于：它是基于需求而非供给来定义的，且其产业界定是基于服务对象而非特定的业务或产品。因此，旅游产业是一种专注于满足旅游者需求、联结旅游者与旅游资源的多元化产业，是联结需求与资源的关键纽带。

二、旅游产业的性质

在社会经济总体中，判断某一经济活动是否具有产业性质，主要取决于该活动能否形成业务链条或业务体系。一般来说，如果经济活动仅由一两项业务组成，则难以称为产业，例如，旅游产业业务通常包括旅游资源、餐饮、住宿、娱乐、文化活动、商贸活动以及旅游交通和信息等派生服务，这些业务单独存在时无法构成独立产业，但汇集成业务链或体系时，便形成了旅游产业。值得注意的是，旅游产业内各项业务之间存在内在联系，任何一环的缺失都会影响其正常存在和发展。

旅游产业作为一种产业，其存在和发展必须遵循产业的普遍规律，因此，政府和相关部门需要制定相应的产业政策以促进其稳定发展。探讨旅游产业的性质对于理解其发展相当重要，以下从三个视角对此进行阐述。

---

① 冯凌. 新时期旅游产业创新发展研究 [M]. 北京：旅游教育出版社，2011：12.

（一）经济本质

旅游产业是社会经济发展到一定阶段的产物，建立在一定经济发展水平之上，经济发展水平是旅游需求和供给的基础。旅游产业由众多不同规模、地点、性质、组织类型、服务范围和服务方式的企业构成，这些企业为旅游者提供产品和服务，旨在满足其物质文化需求，并通过经济核算获得最佳经济效益。许多国家将旅游产业视为国民经济的重要组成部分，并将其纳入经济社会发展规划。旅游产业作为一种综合性经营行业，能够促进与旅游相关的其他经济行业发展，进而推动地区经济发展，增加外汇收入，促进货币回流。

（二）属于第三产业

旅游产业作为服务行业，按照国际行业分类标准及我国国家统计局的划分，归属于第三产业。这个产业专注于为旅游者提供完成旅游活动所需的服务，包括但不限于交通、住宿、餐饮等。第三产业是一个包括多种行业、服务范围广泛的部门，它的兴起和发展反映了社会分工的细化和劳动生产率的提高。在第三产业中，旅游产业的比重不断增加，已经成为全球最大的经济行业，在社会经济活动中扮演着重要的角色。

（三）文化性质

从文化层面来看，旅游产业的本质是文化性的。旅游消费，虽然涉及物质资料，但其核心是文化性和精神性的消费。旅游者通过投入时间和金钱进行旅游活动，其主要目的是获得文化上的享受和满足更高层次的心理需求。在旅游过程中，食、住、行、游、购、娱等方面的消费，其本质都是文化消费，例如，欣赏自然风光、了解历史文物、体验民俗风情、品尝地方美食等，都属于文化消费的范畴。旅游产业的任务在于生产和提供能满足这种文化消费需求的产品，通过与旅游消费者的交换，旅游经营者既可以获得经济效益，还可以满足旅游者需求，展示旅游目的地国家或地区的文化发展水平。所以，旅游产业既是经济活动又是文化事业，对社会文化的发展具有推动和促进作用。在销售"服务"产品时，旅游产业需要注重文化特色，深入挖掘文化内涵，以满足旅游者的物质文化和精神文化需求，这种双重性质使得旅游产业在经济和文化领域都具有不可替代的重要性。

三、旅游产业的特征

（一）旅游企业生产和产品消费的同步性

旅游产业的一个显著特征是旅游企业的生产和产品消费的同步性，这意味着旅游服务或体验在生产和消费时是同时发生的，例如，当旅游者入住酒店、享受餐饮服务或参与旅游活动时，这些服务的"生产"（提供服务的行为）和"消费"（旅游者的体验）是同时进行的。这种同步性要求旅游企业必须在提供服务时，时刻保持高效和高质量，因为旅游体验一旦发生，就无法像物质产品那样被退回或修改。这对旅游产业业务的管理、服务质量控制以及客户满意度的确保提出了特殊挑战。旅游企业必须实时响应旅游者的需求和反馈，确保每一次服务的即时性和高质量，这是旅游产业区别于其他产业的一个关键特征。

（二）产业内主要行业间是非贸易联系

旅游产业各组成部分之间的联系不只是基于商品或服务的买卖，而是更多基于互补和协同作用，例如，旅游住宿业、餐饮服务、交通、娱乐活动和文化体验等行业虽然各自独立运营，但它们之间联系紧密，相互依赖，共同为旅游者提供一体化的旅游体验。这种非贸易联系的存在，使得单一旅游产业业务的成功依赖整个旅游产业链的协调和高效运作。例如，一个旅游目的地的吸引力不仅取决于其自然景观或历史文化遗产，还取决于当地交通、住宿、餐饮和娱乐等服务的质量和效率。所以，旅游产业的发展需要行业间的协调与合作，强调整体策略和整合资源，以确保为旅游者提供无缝且高质量的旅游体验。这种非贸易的互补性关系是旅游产业独特的经营特征之一。

（三）"软"创新

所谓"软"创新，主要指的是服务、体验、管理方法和市场营销等非技术领域的创新。在旅游产业中，这种创新通常体现在提升客户体验、优化服务流程、创新营销策略和改善管理效率等方面。与传统产业相比，旅游产业的产品和服务通常是非物质的，侧重于提供独特的体验和情感满足，这就使得"软"创新在旅游产业的发展中扮演着核心角色。例如，在旅游服务中，通过个性化服务、定制旅游体验或采用新型互动技术，旅游企业能够显著提升游客的满意度和忠诚度。此外，利用数字化工具和社交媒体进行市场营销，也是旅游产业中常见的"软"创新实践。这些创新提高了旅游产品的吸引力，还增强了与消费者的互动和沟通效率。对管理方法的创新，如采用高效的资源管理和优化顾客关系管理系统，有助于提升旅游企业的运营效率和市场竞争力。

四、旅游产业的作用

旅游产业的作用主要体现在三方面，如图 1-2 所示。

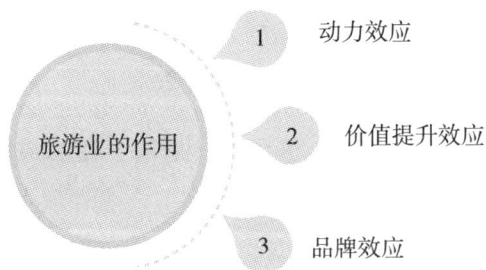

图 1-2　旅游产业的作用

（一）动力效应

旅游产业的经济实质根植于"游客搬运"的概念，即将游客从其住宅生活区域转移至异地，以在那里进行消费活动，从而创造经济效益。这种搬运行为将市场带到了多样化的目的地，如景区、商业区、休闲区、度假区、郊区及乡村等。在这些地方，游客的消费不限于传统的旅游观光，还扩展到交通、饮食、娱乐、购物、运动等多方面，甚至包括医疗、保健、美容、养生、养老、会议、展览、培训等非旅游休闲的延伸性消费。通过这种多元化的消费，旅游目的地的经济以及相关产业链得到显著发展。旅游产业的影响力远超一般消费产业，既促进了目的地的消费和就业增长，还带来了当地居民收入提升、文化品牌价值增强、环境生态改善以及社会和谐发展等一系列正面社会经济效应。

旅游产业所产生的"动力效应"源于其搬运市场的客观能力，这是一种直接的消费动力。游客在目的地的综合性和多样化消费，如餐饮、住宿、游乐、购物、会议、养生、运动等，催生了一种"出游型消费经济"，这种经济促使旅游目的地形成了一个消费经济链，并带动了相关产业的集聚和发展，最终，这些活动共同推动了当地经济和社会的全面进步。可以认为，旅游产业在现代经济发展中扮演着关键角色，是经济增长的催化剂，也是社会发展的重要推动力。

旅游产业通过其独特的"搬运"功能，有效地将市场需求与供给相匹配，特别是在资源丰富但市场较小的偏远地区。在这些地方，旅游产业的经济驱动作用显著，对消除贫困和促进经济平衡发展做出了显著贡献。作为一个劳动密集型行业，旅游产业提供了广泛的就业机会，覆盖多个层次，影响范围广，市场潜力巨大。在解决妇女、农民工、下岗职工和毕业生的就业问题方面，旅游产业发挥了关键作用。

旅游产业的综合性强，关联度高，产业链条长，广泛涉足并交叉融入多个相关行业，形成了一个庞大的泛旅游产业群。在这个产业群内，旅游产业不仅推动其他产业的发展，还孕育了众多新兴业态，成为整个产业发展的强大动力源泉。这种广泛的产业影响力和动力作用，使得旅游产业成为促进社会经济发展的重要引擎。

（二）价值提升效应

旅游产业的价值提升效应体现在多个层面，具有深远的社会经济影响。

第一，旅游活动直接增加了目的地的经济价值。游客的消费行为为当地带来直接收入，如住宿、餐饮、交通和娱乐等，还促进了相关产业的发展，如手工艺品制作、当地特产销售等。这些经济活动的增加，有助于提升当地的总体经济水平和居民的生活质量。

第二，旅游产业通过吸引投资和促进基础设施建设，提升了目的地的整体价值。旅游产业的发展需求促使政府和私营部门投资于交通、住宿、娱乐等基础设施，这些投资除服务于旅游产业外，也惠及当地居民，提高了当地的生活环境和经济活力。

第三，旅游产业有助于提升目的地的文化价值。通过展示当地的自然风光、历史遗迹、文化艺术等，旅游活动增加了对这些资源的关注和保护，进而提高了当地的文化认同和自豪感。同时，旅游促进了文化交流和理解，为当地文化的传播和保护提供了机会。

第四，旅游产业在环境保护和生态价值方面发挥着重要作用。随着生态旅游和可持续旅游的兴起，越来越多的旅游项目着重于环境保护和生态平衡，增强了游客的环保意识，也促进了当地环境的保护和改善。因此，旅游产业在经济、文化、环境等多方面对目的地产生了深远的价值提升效应。

（三）品牌效应

通过塑造独特的目的地形象和特色，如特定的自然景观、文化遗产或独特的地方风俗，旅游产业能够吸引更多游客，增加目的地的知名度和吸引力。良好的品牌形象能够吸引高质量的服务提供者和投资者，这反过来又提高了旅游产品和服务的整体水平，高品质的旅游体验加强了目的地的品牌形象，形成了良性循环。此外，一个稳固的旅游品牌能在经济不稳定时提供一定程度的保护，帮助目的地在竞争激烈的旅游市场中保持稳定的游客流量。

五、旅游产业的构成

（一）有关旅游"准备"的行业

在规划一次旅游之前，通常需要进行几个重要的准备步骤。

第一，根据个人经济状况和可用时间，选择适合的旅游目的地，规划旅游路线并制订详细的旅游计划。

第二，收集目的地相关的资料和信息，包括了解当地的社会习俗和文化背景。

第三，准备必需的旅行用品，以及购买作为纪念的礼品。提供旅游信息的媒体（如新闻、广播、出版以及通信等），以及办理预订业务的旅行社和售卖旅游用品的商店，都成为旅游相关的重要行业。

（二）有关旅游"移动"的行业

在旅游行业中，"移动"是一个基本特征。旅游者离开常住地前往目的地，以及返回途中的过程，构成了旅行的核心部分。在现代旅游中，交通不只是移动的手段，它本身也成为旅游体验的一部分。铁路、民航、汽车、轮船等主要交通方式是旅游产业不可或缺的组成部分。此外，在旅游过程中的缆车、气垫船、摆渡、骑马、滑雪橇等活动，也为旅游增添了额外的娱乐元素。

（三）有关旅游"逗留"的行业

关于旅游中的"逗留"环节，旅游可分为动态和静态两大形态。动态形态指的是旅行交通，而静态形态涉及旅游者在目的地的停留，以及与之相关的行业，包括旅馆业、餐饮业，以及博物馆、公园、娱乐设施等。这些都与旅游产业紧密相关。

根据联合国《国际标准产业分类》，旅游产业主要包括住宿业、旅行社和交通客运等部门。在我国，住宿业、旅行社和交通运输业通常被视为旅游产业的"三大支柱产业"。然而，笔者认为，旅游产业实际上由"四大支柱产业"构成，分别是旅游住宿业、旅行社业、旅游交通业和旅游购物品经营业。这四个领域共同构成了旅游产业的完整结构，对其发展起着重要的作用。

1. 旅游住宿业

住宿业，通过利用其场地和设施，为临时需要住宿的旅行者提供休息环境和安全保障，成为接待旅游者的关键组织。这一行业在旅游产业发展中扮演着重要角色。

住宿业作为旅游者的服务基地，提供住宿和娱乐环境。旅游者通常将酒店视为暂时的家，这里是睡眠和用餐的地方，也是休息和娱乐的场所。随着现代人对旅游消费要求的提高，对住宿服务的需求变得多样化和多层次，从而推动酒店业务的多元化发展。

住宿业，尤其是酒店和宾馆，已成为社交活动的重要场所。这些地点能够满足纯粹旅游者的需要，还能满足商务客人和当地居民的各种需求。酒店提供的商务、会议、娱乐、休闲、疗养等多样化公共空间，使其成为社会交往的核心。

住宿业的建设成为接待能力的标志。酒店是商业洽谈、会议和文娱活动的场所，并且在许多国家和地区的旅游产业乃至国民经济发展规划中占据重要位置。酒店的水平，包括其数量、设施、服务项目和服务质量，成为衡量一个地区旅游发展水平的关键指标。

住宿业是旅游收入的主要来源之一。作为地区旅游经济的核心收入渠道，住宿业对旅游产业的持续发展起着重要的作用。特别是在我国，住宿业的发展空间仍然很大。

住宿业是提供就业机会的重要行业。作为典型的劳动密集型行业，住宿业直接提供了大量的服务岗位，还创造了众多间接服务职位。酒店内部的明确分工要求各种技能的服务人员，为就业市场提供了广泛的机会。

2. 旅行社业

旅行社作为旅游产业的核心组成部分，展现了其独特的经济性和服务性，尤其在中介性方面展现了其不同于其他企业的特点。它将原本分散、单独进行的旅游活动进一步社会化，连接旅游产生地与目的地，搭建起不同国家和地区旅游者与旅游经营者之间的桥梁。更重要的是，旅行社将各类旅游相关企业紧密联系起来，创造出新的信息传递和资源组合方式。

在旅游产业中，旅行社的角色和作用显著：①旅行社是旅游产业的重要组成部分，是旅游产业发展的明显标志，在整个旅游行业中，旅行社起到领导和中枢神经的作用。②旅行社在整个旅游产业中起到桥梁和纽带的作用，通过全面的旅游产品销售和综合服务提供，旅行社确保了旅游产业业务的顺畅运行。③旅行社之所以存在并持续发展，是因为创造了全新的信息传递方式和资源组合方式，这两种方式的结合，为旅游行业提供了高效的组织和运作模式，促进了旅游产业的发展和繁荣。

3. 旅游交通业

根据传统的产业分类，交通运输业是一个独立于旅游产业之前就存在的领域。交通运输业广泛包含了人和物体的搬运，而旅游交通特指在交通客运领域中服务于旅游者的部分。在实际情况中，交通客运的职责不局限于运输旅游者，还包括其他类型的旅客，这两者在实际操作中往往难以清晰区分。因此，在现代旅游学研究中，旅游交通专指旅游者在不同旅游地点之间的移动，而在广泛的含义中，指的是整个交通客运业。

旅游交通在解决人们外出旅游时遇到的时空限制问题上发挥着重要作用，对旅游产业的发展具有重大影响：

第一，从需求的角度来看，旅游交通是旅游者能够完成旅游活动的基础条件，旅游者在出行时，首要任务是解决从居住地到旅游目的地的空间转移，选择合适的交通方式以达到旅游地点。旅行方式所需的时间也是旅游者需要考虑的重要因素，旅游者可用于休闲的时间是有限的，如果旅途时间过长，可能会影响对旅游目的地的选择，甚至导致旅游计划的取消。

第二，从供给的角度来看，旅游交通是旅游产业发展的生命线，旅游产业的生存和发展依赖旅游者的到访。只有当旅游者能够轻松到达目的地时，旅游产业的各类设施和服务才能发挥其作用，实现其价值。旅游目的地的可进入性程度是旅游产业发展的关键条件，只有在能够吸引大量且频繁的游客访问的情况下，该地的旅游产业才有可能实现扩展和增长。所以，旅游交通在促进旅游产业发展方面扮演着重要的角色。

第三，交通运输业作为旅游产业的一个关键组成部分，同样是旅游收入和创收的主要来源之一。在任何国家的国内旅游收入统计中，旅游交通运输所带来的收益占据了相当大的比例，尤其是在当前的国内旅游消费水平下，旅游交通运输在所有国内旅游收入中的占比显著。

第四，在旅游中的交通运输不只是从一个地点到另一个地点的简单移动，它在旅游体验中占据了不可忽视的重要地位。在旅游理念中的"旅速游缓"强调了旅途中的时间质量，这就要求旅游交通必须注重舒适性。相较于普通交通，旅游目的地的运输工具更为多样化和特殊化，如高空索道、缆车、索桥、滑道、骑马、坐轿、森林火车等。考虑到在统计一个国家或地区的国际旅游收入时，通常不包括旅游者的往返交通费，从旅游者整个旅游消费的角度来看，交通费用占据了更大的比重。

4.旅游购物品经营业

旅游购物品经营业在旅游"逗留"行业中占有重要的地位，不仅为旅游经济注入活力，也成为游客体验文化的重要途径。旅游购物品经营业涵盖了从纪念品商店、特色工艺品店到地方特产销售点等多种形式，提供了与旅游地文化和特色密切相关的商品，这些商品包括传统手工艺品、地方特色食品、艺术品等，能够成为游客旅游纪念品，也成为他们了解和体验当地文化的重要媒介。此外，旅游购物经常是游客旅行体验的重要部分，对许多游客而言，逛街购物已成为旅游中的一项重要活动。

旅游购物品经营业对当地文化和社区产生了深远的影响，通过售卖地方工艺品和特色产品，旅游购物品经营业帮助保持和传承了地方的文化和传统，还为许多本地工艺人和艺术家提供了市场，支持了他们的生计和发展。这样的互动促进了地方文化产业的繁荣，也为游客提供了真实和深入的地方文化体验。在可持续旅游的趋势下，越来越多的旅游购物品经营业开始重视环境保护和社会责任，如推广环保材料的使用和支持当地社区的发展。

旅游购物品经营业的成功在很大程度上依赖对市场的准确把握和创新的经营理念。随着旅游市场的日益多元化，旅游购物品经营业需要不断创新，以满足不同游客的需求和口味，包括提供独特的购物体验、引入新的产品线，甚至结合技术创新，如通过线上平台增加销售渠道。旅游购物品经营业也在积极探索将文化体验与购物体验相结合的新模式，如设置体验区、举办文化展览等，这些都为游客提供了深入的文化参与和互动机会。因此，旅游购物品经营业是经济增长的驱动力，也是文化传播和创新的重要平台，对旅游目的地的综合吸引力产生了显著的提升效应。

第二章 旅游产业结构优化

第一节 旅游产业结构框架

一、旅游产业结构框架的建立

旅游产业结构框架如图 2-1 所示。关于旅游产业结构，可以从狭义和广义两个角度进行理解。在狭义上，它主要指的是旅游产业内部各行业之间的技术经济联系和比例关系，这些行业共同满足旅游者的活动需求，也是笔者研究的核心内容。在广义上，旅游产业结构既包括了旅游产业内部的结构，还涉及旅游产业产品结构、布局结构以及与外部产业的关系。旅游产品结构是旅游产业结构的基础，只有当旅游产品结构得到优化时，旅游产业结构的优化才成为可能，即旅游产业结构的优化是旅游产品结构优化的直接体现。旅游产业布局结构描述了旅游产业在空间上的分布，反映了产业在不同区域的发展情况。旅游外部结构则展现了旅游产业与其他产业间的技术经济联系和比例关系，这一结构关系决定了旅游产业与一个国家或地区经济发展的耦合和协调程度。

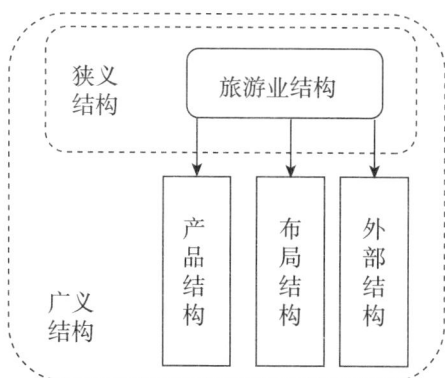

图 2-1　旅游产业结构框架

二、旅游产业结构与旅游产业组织结构的互动关系

产业结构与产业组织之间的互动关系是密不可分的，是同一问题的两个不同方面。在研究其中一方面时，必须从另一方面考虑其合理性。在旅游产业结构的研究中，经常出现将旅游产业结构与旅游产业组织结构混合的情况，但实际上这两者属于不同的范畴。构建一个关于旅游产业结构优化的理论框架，首先需要明确旅游产业结构和旅游产业组织结构之间的关系，这种认识是解决当前我国旅游产业结构研究中存在的混淆（旅游经济结构与旅游产业结构混淆）的基础，也是理解旅游产业政策作用机制并提高其对实践的指导价值的关键。

在建立旅游产业结构框架时，应避免将旅游产业组织结构的内容纳入其中。但是，为了确保旅游产业结构优化的顺利进行和调整，必须考虑其与旅游产业组织结构的相互作用。这种交互关系的理解和考虑是旅游产业结构优化策略成功实施的关键，如图 2-2 所示。这种综合的视角有助于全面地理解和改善旅游产业的结构，为旅游产业的发展提供有效支持和指导。

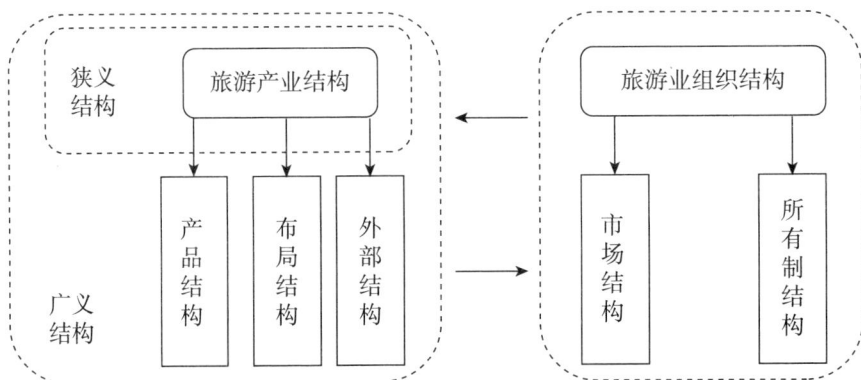

图 2-2　旅游产业结构与旅游产业组织结构的交互作用

通过图 2-2 可知，旅游产业组织结构主要描述的是旅游产业内企业间的市场关系和组织形态，其中竞争和垄断分析构成了这一领域研究的核心。从供给角度出发，尽管不同的旅游行业提供的产品并非相同且缺少高度替代性，但在例如旅行社业这样的旅游行业子系统中，不同企业间的市场关系与产业经济学中同一产业内企业间的关系实质上是相同的。此外，如果从产业组织理论的视角考察，产业组织的涵盖内容相当广泛，包括市场结构、所有者结构等方面，因此，旅游市场的结构和所有制结构也被视为旅游产业组织结构的一部分。旅游市场结构主要揭示市场内的竞争程度、价格形成等市场组织的战略性特征，其主要决定因素包括市场集中度、产品差异化程度以及市场进入和退出的壁垒高低。而旅游所有制结构展现了不同所有制性质的企业在旅游产业中的地位、比重以及彼此间的关系，与之相关的产权结构则是所有制结构在实际运行和操作层面的具体表现。一个企业虽然只能归属于一种所有制结构，但其内部的产权结构可以是多元化的。在这种情况下，企业的所有制属性通常由占主导地位的产权属性来决定。

旅游产业结构与旅游产业组织结构之间的互动具体表现在几个方面。①旅游产业组织结构作为旅游产业结构优化的内部驱动力，其调整和改革，尤其是在旅游市场结构上的改造，对于促进企业间的健康竞争很重要。②旅游产业结构对于旅游产业组织结构的演变起到外部的牵引作用，在调整和改造旅游产业组织结构时，应着重关注旅游产业结构的调整，特别是在选择和培育旅游主导产业以及发挥其引导作用方面。对旅游产业组织结构如何影响旅游产业结构的优化机理而言，旅游产品结构的失衡、供需结构的不均衡、旅游产业的比较优势不足及产业关联性不够等问题，可以通过产业组织工具如退出机制、兼并、产权结构的变化、集团化或一体化、网络化、价值链治理等方式进行调整和优化。这种调整与优化有助于解决产业结构上的问题，还能促进旅游产业整体的健康发展，如图 2-3 所示。

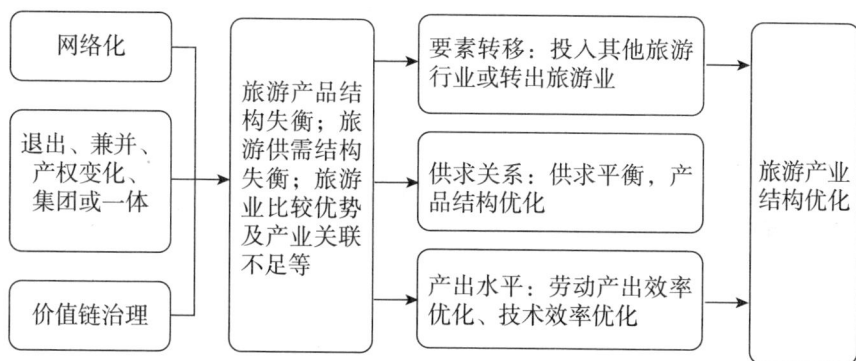

图 2-3　旅游产业组织结构影响旅游产业结构优化的机理

第二节　影响旅游产业结构优化的因素

一、供给要素的影响

（一）人力资源的影响

人力资源对旅游产业结构优化的影响在多方面显著。

随着旅游需求的持续增长，人力资源在旅游产业中的重要性日益突出。增长的旅游需求需要更多专业人才来提供高质量的服务，包括旅游规划、市场营销、服务管理等多个领域。专业化的人力资源能提升旅游产品和服务的质量，还能促进新旅游产品的创新和开发，从而推动旅游产业结构的优化和升级。

在旅游社会环境的优化方面，人力资源的作用同样不容忽视。社会环境优化需要具备高素质的服务人员，他们不仅代表着旅游目的地的形象，还是传播地方文化和风俗习惯的重要载体。专业的导游、接待人员和其他服务工作人员能够提升游客的整体体验，从而增强旅游目的地的吸引力和口碑。

在旅游相关产业的发展中，人力资源也扮演着核心角色。旅游产业的拓展带动了交通、餐饮、住宿、娱乐等相关产业的发展，这些产业的增长需求对专业人才的需求也随之增加。人力资源的质量和数量直接影响这些相关产业的服务水平和运营效率，进而影响整个旅游产业链的竞争力。

旅游产业人才的升级对旅游产业结构优化也至关重要。随着旅游市场的不断变化和技术的进步，旅游产业人才需要不断提升自己的技能和知识，以适应新的市场需求和技术应用，包括数字化技能、外语能力、跨文化沟通技能等。人才的升级和专业化既提高了服务质量，还为旅游产业的创新和可持续发展提供了人才保障。

（二）资本的影响

资本对产业结构变化的影响可以从两个主要方面来考虑：一是资本的总量，即资本的充裕程度，对产业结构产生了相应的影响。然而，在不同的产业中，资本的投入与产出效率存在差异，这种差异进一步导致不同产业间的结构变化。对于那些资本投入产出效率较高的产业，资本的增加会促进其更快速地发展与进行结构优化。二是资本在不同产业部门的投向，即投资结构，对产业结构同样具有重要影响，通常情况下，资本投入较多的产业发展速度更快，其产业结构优化的动力也更强。这种投资倾向往往决定了哪些产业能够获得更多的发展机会和资源。

从旅游产业的角度来看，基础设施的投资是资本影响产业结构优化的关键途径。旅游产品的特性，如不可储存、不可移动、生产与消费的同步性，要求旅游者亲自前往目的地以获取消费体验，所以，旅游产业的规模化发展高度依赖交通和其他区域基础设施的投资。在资本充裕的地区，基础设施投资得到保障，这促进了旅游产业的发展，也为旅游产业结构的升级和优化提供了基础条件。

此外，资本投资的方向也在某种程度上指示了旅游产业未来的发展趋势，例如，对生态旅游、文化旅游等细分市场的投资不仅响应了市场需求的变化，也促进了旅游产业向多元化和高质量的方向发展。资本在旅游技术创新上的投入，如智能化旅游服务和在线旅游平台的发展，进一步推动了整个产业的现代化和全球化，资本在塑造旅游产业的未来方向和结构上发挥着决定性作用。

（三）技术的影响

产业之间的技术联系变动就是产业结构的变动，所以，技术变革和产业结构变动有很大的关联性[①]。技术进步对旅游产业结构的具体影响途径如图2-4所示。

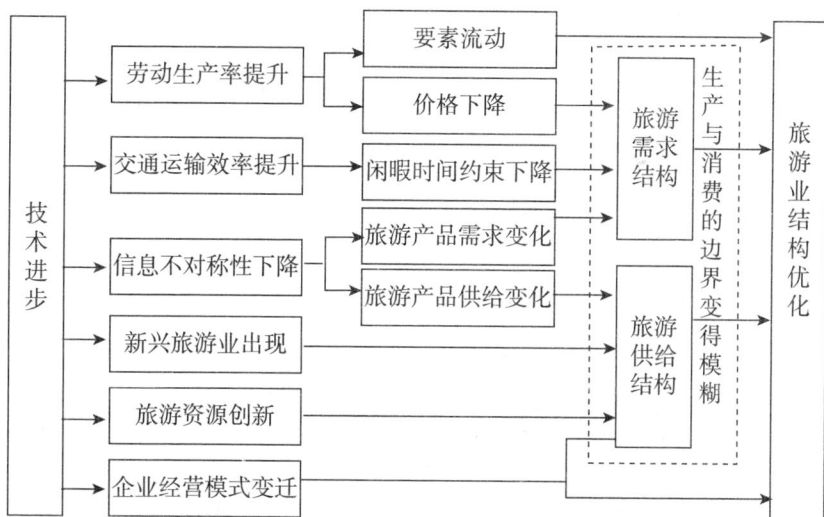

图 2-4 技术进步推动旅游产业结构优化的途径

通过图 2-4 可知，技术进步推动旅游产业结构优化的途径包括：

---

① 伍华佳，苏东水.开放经济条件下中国产业结构的演化研究 [M].上海：上海财经大学出版社，2007：7-9.

1. 直接作用途径

技术进步可以直接作用于旅游产业，通过促进旅游产品和服务的创新，提高旅游企业的经营效率和服务质量，包括新旅游产品的开发、旅游服务方式的改善以及新旅游产业态的创造。

2. 间接作用途径

技术进步间接地通过以下方面推动旅游产业结构的优化。

第一，提高了旅游产业的信息化水平，如通过网络平台提供旅游信息服务，实现旅游资源的优化配置。

第二，推动了旅游营销方式的创新，如数字营销、虚拟现实体验等。

第三，引发了旅游管理模式的变革，如在线客服、智能导览系统的应用。

第四，加快了新型旅游服务业态的形成，如在线旅游服务平台、自助旅行服务等。

第五，促进了旅游产业链的延伸，如开发旅游与其他产业相结合的新业态——文化旅游、生态旅游等。

技术进步对旅游产业结构优化的影响机制包括：

第一，通过提升旅游企业的经营效率和市场反应速度，技术进步加强了旅游企业的市场竞争力。

第二，通过创新旅游产品和服务，技术进步提升了旅游体验的质量和多样性。

第三，通过促进旅游管理和服务的信息化，技术进步提高了旅游产业的整体运作效率。

第四，通过推动新业态的发展，技术进步促进了旅游产业结构的升级和细分市场的拓展。

二、旅游需求因素的影响

（一）旅游需求总量的影响

旅游需求总量对旅游产业结构的影响是多方面的，尤其在当前全球经济和社会环境迅速变化的背景下。旅游需求的增长意味着更多的人会参与旅游活动，也意味着旅游产业结构必须进行调整，以适应不断增长和变化的市场需求。

1. 旅游需求的增长促使旅游产业向更加多元化和专业化的方向发展

消费者不再满足于传统的观光旅游，而是向往更具体验性、教育性和个性化的旅游活动。这要求旅游产业结构中包含广泛的服务种类，包括但不限于生态旅游、冒险旅游、文化探索等。旅游服务提供商需要投资于新技术和培训，以创造满足这些需求的新产品和服务。为了适应日益增长的旅游需求，旅游目的地需要扩大其接待能力，这可能包括提升交通基础设施、扩建住宿设施以及改善公共服务。

2. 旅游需求的增长推动了旅游产业内部各行业之间的关联和协同发展

例如，随着旅游需求的增加，相关的交通、餐饮、娱乐、购物等服务行业也随之增长，这种增长要求旅游产业内部的行业能够高效协作，形成一个互补且协调的产业生态系统。因此，旅游产业结构优化不仅关乎单个行业的发展，还涉及行业间如何整合资源、共享信息、联合推广以及统一服务标准的问题。

3. 旅游需求总量的增加催生了对可持续旅游的需求

现代旅游者越来越关心旅游活动对环境的影响和对当地社区的利益。这要求旅游产业在结构优化时考虑到环境保护和社会责任。旅游企业和目的地需要开发环保旅游产品，实施绿色管理措施，并积极参与社区发展。

在中国市场，人们的出游意愿和计划在显著上升，尤其是在年轻、已婚及退休人群中。这一趋势表明，旅游产业结构需要关注青年和老年市场，提供细致和符合这些群体需求的产品。并且随着消费者价格承受能力的提高,高端旅游市场的需求在增加,这对高端旅游服务的供给提出了高要求。

(二) 旅游需求结构的影响

旅游需求结构是指旅游市场需求的构成要素及其各自比重,它对旅游产业结构优化有深刻的影响。这种影响体现在消费者偏好的变化、消费能力的提升,以及不同旅游产品和服务需求的动态变动上。随着旅游消费者对个性化和高质量旅游体验的追求不断增长,旅游产业必须通过结构调整来满足这些新兴需求,并考虑如何在竞争激烈的市场中保持可持续性。

首先,旅游需求结构的变化直接推动了旅游产品和服务的多样化。在过去,旅游需求可能集中在传统的观光和休闲度假上,而如今,旅游者越来越倾向于寻求独特的、深度的、文化丰富的旅游体验。例如,生态旅游、探险旅游、文化体验旅游、医疗健康旅游和教育旅游等细分市场的兴起,反映了旅游需求结构向更为细化和专业化的方向发展。为了适应这一趋势,旅游产业结构需要进行调整,如增加投资于特色旅游目的地开发、提升导游服务的专业化水平,以及加强旅游产品和服务的品牌建设。

其次,旅游需求结构的变化影响了旅游产业的地理布局。随着对偏远和未开发地区旅游兴趣的提升,旅游目的地不再局限于传统热门地区,许多较为偏远的地区开始成为新的旅游热点。这一点要求旅游产业结构优化时,要充分考虑区域平衡发展的需要,投资于基础设施建设,改善交通连接,提升当地居民的旅游服务能力,以及保护当地的自然和文化资源。通过这种方式,旅游产业结构的优化可以带动区域经济的发展,满足游客对于新鲜和多样化旅游体验的需求。

最后,旅游需求结构的演变要求旅游产业在技术创新和服务创新上不断进步。例如,数字化和信息化的发展对旅游产业结构产生了深远的影响。在线预订平台、虚拟现实旅游体验、移动支付和社交媒体营销等技术的应用,使得旅游产业结构向数字化和网络化的方向发展。这些技术既提高了旅游服务的便捷性和效率,又为旅游产业提供了新的商业模式和盈利点。对此,旅游产业结构优化的过程中，必须融入科技创新的元素，以推动整个行业的转型升级。

三、旅游产业组织结构的影响

（一）旅游市场结构的影响

旅游市场结构对旅游产业组织结构产生显著影响，这主要体现在市场竞争程度、市场参与者的多样性和旅游产品的特性上。

1. 市场竞争程度

在高度竞争的市场中，旅游企业为了保持竞争优势，往往需要灵活和敏捷的组织结构，这种结构能够快速响应市场变化，适应消费者需求的不断演变。例如，为了更好地满足个性化和差异化的旅游需求，企业可能采用扁平化的管理结构，以加强部门间的沟通和合作。竞争激烈的市场也促使旅游企业不断创新，除在产品和服务上外，也在管理和运营模式上寻求创新。这种创新可能表现为采用新技术（如虚拟现实、人工智能）来提升客户体验，或者开发新的业务模式（如共享经济在旅游产业的应用）。

2. 旅游市场参与者的多样性

旅游产业包括多种类型的参与者，如旅游景点运营商、旅行社、酒店、航空公司等，这些不同类型的参与者使得旅游产业的组织结构变得复杂。每个参与者都有其特定的运营模式和管理需求，这要求旅游产业在整体组织结构上具有足够的灵活性，以适应不同参与者间的协同工作。例如，旅游产业的一大特点是季节性强，不同季节的旅游需求差异大，这就要求产业组织结构能够适应季节性的变化，灵活调整资源配置。

3. 旅游产品的特性

旅游产品通常是综合性的，涉及住宿、交通、餐饮、娱乐等方面，这种产品的复杂性要求旅游产业在组织结构上能够有效整合不同的服务和资源。此外，旅游体验的个性化需求不断增长，这就要求旅游产业在组织结构上能够灵活调整，以更好地满足不同客户的个性化需求。例如，一些旅游企业可能会设置专门的定制旅游部门，来设计和提供符合个别游客特定需求的旅游产品和服务。

（二）旅游所有制结构的影响

不同所有制类型的旅游企业，从国有、私有到合资企业，各有其独特的组织结构和运营方式，这些差异反映在管理效率、市场适应能力以及创新力等多个方面。

对于国有旅游企业，其组织结构通常严谨和层级分明。这种结构在确保稳定性和规范管理方面有其优势，但可能在某些情况下限制了快速决策和灵活性。国有企业往往承担着社会和文化责任，因此在运营策略上可能更重视社会效益而非仅仅追求经济利润。这种所有制结构下的企业可能更注重于维护和推广文化遗产、促进区域平衡发展等目标。由于这些企业的财务和运营决策可能受到更多政策导向的影响，因而在市场驱动的创新和灵活应对市场变化方面可能面临挑战。

私有旅游企业则通常具有更灵活的组织结构，能够迅速适应市场变化。这些企业在追求盈利的同时，也能迅速对消费者需求做出反应，推出新产品和服务。私有企业在运营决策上通常较为独立，这有助于它们在市场竞争中采用积极主动的策略。私有企业可能在促进创新和提高服务质量方面更具优势，因为它们需要在竞争中脱颖而出，吸引和留住顾客。然而，这种类型的企业也可能面临着融资难题，特别是对中小型私有旅游企业而言，缺乏足够的资金支持可能限制它们的发展和扩张。

合资或合作型旅游企业结合了不同所有制的优势，能够在提供旅游服务和产品的创新性与多样性方面发挥重要作用。该组织结构有助于资源共享，尤其是在国际市场上，合资企业能够结合不同文化背景和市场知识，创造独特的旅游体验。合资企业的挑战在于管理和文化差异，需要有效整合不同管理风格和工作文化，以实现组织的协同效应。

四、系统环境因素的影响

（一）经济发展水平的影响

经济发展水平直接影响社会的总体需求结构。在经济较为发达的环境中，人们的收入水平通常较高，这导致消费者对高质量、个性化产品和服务的需求增加，这种需求的变化迫使企业调整其产品和服务以满足市场需求，促进了产品和服务的多样化和高端化。较高的经济发展水平通常伴随着消费者对品牌和质量的更高要求，这推动企业在提高产品质量、加强品牌建设和提升顾客服务方面投入更多资源。在经济发展水平较低的地区，消费者的购买力有限，市场的主要需求可能集中在基本和价格合理的产品和服务上。在这样的环境中，企业可能更注重成本控制和规模经济，以保持价格竞争力。

经济发展水平对技术进步和创新能力也有重要影响。经济越发达的地区，越可能有更多的资源投入研发，这包括财务资源、人力资源（如高技能人才）的聚集。技术进步和创新是推动经济持续发展的关键因素，它能带来新的生产方式、新产品和服务，从而创造新的市场机会。经济发展水平高的地区往往具有完善的基础设施和成熟的市场体系，这为技术创新提供了良好的支持环境；相反，在经济欠发达地区，由于资源有限，技术创新和发展可能面临更多挑战，企业可能侧重于利用现有技术和资源，而不是投资于长期的研发活动。

（二）旅游产业政策的影响

旅游产业政策对于旅游产业的发展具有深远的影响，从市场准入、投资激励到环境保护和文化遗产的维护等方面，都在政策制定中占有重要地位。

第一，政策对旅游市场的开放程度和市场准入条件有重要影响。政府制定的政策可以决定哪些类型的旅游企业能够进入市场，以及它们的运营规则。例如，某些国家可能鼓励外国投资，通过放宽市场准入条件吸引国际旅游集团，促进本地旅游产业的发展和国际化。这样的政策有助于引入新的资金和管理经验，还可以促进本地文化的国际传播。相反，如果政策倾向于保护本地旅游企业，限制外资企业的市场准入，则可能导致旅游市场的竞争程度减少，有助于维护本地企业的利益和发展。

第二，旅游政策在投资激励和资源配置方面发挥着重要作用。政府可以通过各种激励措施，如税收减免、贷款优惠和补贴等，鼓励对旅游产业的投资。这些政策有助于吸引私人和外部投资，促进旅游基础设施的建设和改善，如交通网络、住宿设施和旅游景点的开发。此外，政策也能够指导资源向旅游产业中的关键区域或需求紧迫的领域流动，如生态旅游、文化旅游或农村旅游的发展。这样的资源配置有助于多样化旅游产品和服务，满足不同游客的需求，也促进了经济的平衡发展。

第三，旅游产业政策在环境保护和文化遗产保护方面起着重要的作用。政府可以通过制定严格的环境保护政策，限制旅游活动对自然环境的影响，确保旅游产业的可持续发展。例如，限制某些脆弱生态区域的游客数量，或者推动旅游企业采用环保技术和实践。政策也能够促进文化遗产的保护和恢复，通过资金支持和技术指导，保持文化遗产的原真性和完整性。这种保护既对维护民族文化有重要意义，也为旅游产业提供了独特的资源。

第三节　旅游产业结构优化的策略

一、塑造旅游企业的能力

（一）企业能力理论的发展

通过企业能力理论演化图，如图 2-5 所示，可以看出，企业能力主要分为三大层次：一般能力、核心能力和动态能力。企业的一般能力是支持其日常运作的基础性能力，类似于激励理论中的保健因素，它的缺失会导致企业无法正常运作，而单独拥有这些能力，并不足以为企业带来竞争上的优势。另外，核心能力理论强调，企业在生产和经营活动中所占据的技术和生产技能的独特结合，构成其获得竞争优势的根源。相比之下，整体能力视角则关注于企业价值链中整体的优势，强调组织成员的集体技能、知识以及组织程序和员工互动方式。进入 20 世纪 90 年代以后，随着科技的进步和全球化的深化，产业发展面临的环境变得不确定。这种新的环境使得企业的竞争优势变得短暂，传统的竞争法则，如"先入为主"，开始受到挑战，企业的核心能力有时反而成为限制其进一步发展的障碍。因此，动态能力理论应运而生，强调企业在不断变化的环境中，建立、整合及重新配置内外部资源以适应环境变化的能力，逐渐成为企业发展的关注焦点。

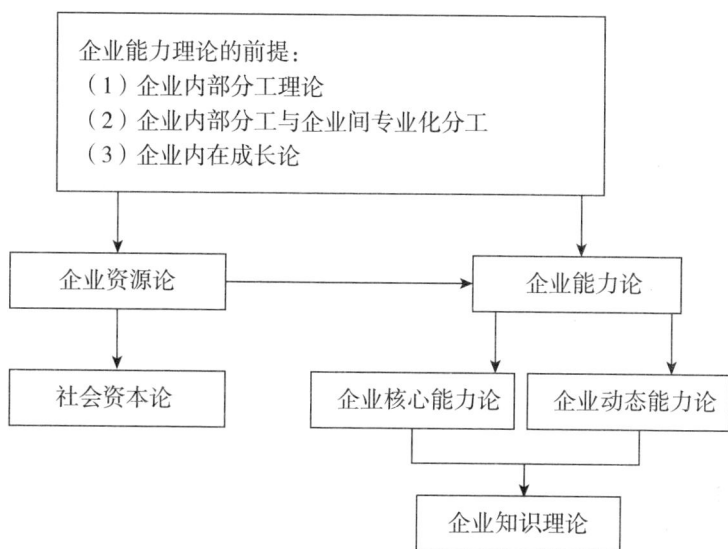

图 2-5　企业能力理论的演化路径

　　企业获得竞争优势的能力不仅取决于内部管理，还与其是否遵循比较优势原则紧密相关。林毅夫在此基础上进一步发展了"企业自生能力"理论，强调在开放且具有竞争性的市场环境中，企业能够独立存活并获取市场所认可的预期利润率，无须外界支持或保护[①]。这种自生能力的关键在于企业的产业、产品和技术选择是否符合其经济要素禀赋所决定的比较优势。当企业的选择与其比较优势不吻合时，即便管理得当，企业在开放竞争的市场环境中也难以实现可接受的利润水平。反之，缺乏自生能力的企业可能只能在政府

① 林毅夫.企业自生能力与国企改革 [J].发展，2005（8）：11-12.

的庇护和援助下得以生存和发展。

（二）旅游企业能力塑造的形式

1. 塑造价值链中的关键优势

价值链将企业的价值创造视为一连串基础和辅助活动的集合，共同推动产品和服务的生成。对旅游企业来说，服务质量及其在接待过程中各环节的无缝连接是其获得竞争力的关键。在旅游产业的价值创造过程中，信息技术扮演了核心角色，因其对信息流的高度依赖。因此，在旅游产业的价值链中，核心竞争力应包含至少三个领域：旅游产品的结构性优化、服务质量的持续提升以及信息技术的更新和应用。

（1）旅游产品的结构性优化

这一过程要求企业精细分析市场需求，不断创新和调整产品组合，以满足不同消费者群体的需求。结构优化涉及设计独特的旅游路线、提供差异化的服务体验以及开发符合特定市场细分的旅游包，例如，针对生态旅游、文化探索或冒险活动的专门化产品，都是结构优化的体现。企业通过数据分析和顾客反馈，持续优化产品结构，这能够增强其产品的市场吸引力，也可以提高资源的使用效率。进而，结构优化应体现在对资源供应链的管理上，确保高效率和成本效益的同时，保障服务质量和顾客满意度。优化的结果是形成了一种能力，即能够迅速适应市场变化和消费者偏好的变动，从而在激烈的市场竞争中保持领先地位。

（2）服务质量的持续提升

在旅游企业中，服务质量的持续提升是关键优势的核心构成，直接关系到顾客满意度和品牌忠诚度的形成。为了实现服务质量的提升，旅游企业需采取多维度的策略，包括对员工进行系统的培训，使其不仅掌握专业知识，还能拥有卓越的服务意识和应对各类顾客需求的能力。企业应通过精细化管理，确保每一个服务接触点都能达到顾客的期望。服务创新也是提升质量的关键，旅游企业应不断探索新的服务模式，利用技术手段，如智能化设备和数据分析，来提升个性化服务水平并优化顾客体验。举例来说，通过数据分析顾客行为，企业可以预见性地调整服务内容，提前解决潜在问题。进一步地，企业需要建立反馈机制，收集顾客意见，并将其转化为服务改进的动力。这种对质量持续关注和改进的姿态，能够确保旅游企业在竞争中始终保持服务的优势地位。

（3）信息技术的更新和应用

在这个数字化的时代，信息技术的角色不局限于后台操作的效率提升，它还深入客户互动、市场分析和产品开发的各个方面。旅游企业通过采用最新的 IT 解决方案，如云计算、大数据分析、移动计算和人工智能，能够获得对市场动态的即时洞察，并据此快速调整服务策略。例如，通过分析在线预订数据，企业能够预测客户偏好，从而提供个性化的旅游套餐和服务。此外，社交媒体和移动应用的广泛应用使得与客户的沟通即时和互动，为企业提供了前所未有的客户服务和营销渠道。信息技术还在提升运营效率方面发挥作用，智能系统能够优化库存管理、减少重复任务，释放人力资源从事更有价值的工作。更进一步，信息技术在旅游企业中的应用延伸到安全性的提升，保障交易和个人数据的安全。随着技术的不断进步，企业必须保持技术的前瞻性，不断探索新工具和平台，以确保在激烈的市场竞争中保持优势。

2. 构建企业价值网络

（1）企业价值网络

企业具有动态能力才能够适应新兴技术变革，而动态能力的本质特征即因时而变、因势而变、因事而变、因知而变、因市而变、因适而变[①]。全球经济一体化的深化、个性化需求的上升和技术革新的加速，促使企业不再局限于关注自身的战略活动，而是转向评估整个行业价值系统的效率。传统的纵向一体化企业模式正逐步让位于动态结构，企业的各个增值环节开始紧密相连，展现出交叉和融合的趋势，促使企业价值链向价值网络转变。这种价值网络以顾客需求为核心，以创造顾客价值为战略目标，构建一个公司、供应商、分销商、制造商和顾客共同参与的协同数字化网络。这个价值网络分为

---

① 李仕明，李平，肖磊. 新兴技术变革及其战略资源观 [J]. 管理学报，2005（3）：304–306，361.

两个层次：企业内部和企业外部。企业内部价值网络围绕某个核心能力要素构建，由不同的价值链和模块内部协同形成；而企业外部价值网络由利益相关者之间的相互作用构成，涵盖价值的产生、分配、流转和利用，这些外部价值链和模块相互编织，构成了整个企业的外部价值网络。

（2）旅游企业价值网络的构建与调整

旅游企业价值网络的构建与调整是一个涉及策略规划与运营实践相结合的复杂过程，这个过程要求旅游企业不只要精通自身的核心业务，还必须在更广阔的行业生态中寻找合作伙伴，共同创造客户价值。首先，这种构建是基于深入的市场洞察和顾客需求分析，确保企业能够在正确的时间向正确的客户提供正确的产品和服务；其次，企业需要与一系列的供应商、分销商、制造商和其他服务提供者建立紧密而灵活的合作关系，这些合作关系以数字化手段作为纽带，确保信息的流畅和资源的有效配置。随着市场的变化和技术的进步，旅游企业必须不断调整这个网络，这可能涉及引入新的业务模式、采用新的信息技术或者重塑现有的合作关系，以适应不断变化的环境并保持竞争优势。

旅游企业在构建价值网络的过程中，还需要不断调整和优化内部的业务流程和管理机制，以提高效率和响应速度，要确保整个网络的稳定性和安全性，特别是在数据管理和客户隐私保护方面。企业需要建立一套包括风险管理、质量控制和持续改进在内的综合管理体系，确保网络中各环节能协同工作，共同为顾客提供卓越的旅游体验。在全球化和数字化的趋势下，这个价值网络既需要在地域上拓展，更需要在虚拟空间中发展，利用互联网和移动技术的优势，打造全方位、无缝连接的服务体系。

3. 比较优势的外在约束

在旅游企业能力增强过程中，不论是在锻造价值链的关键竞争力还是构筑价值网络，均需遵循比较优势原则这一外部规则。企业依据比较优势原则发展，方能建立起自身的自生能力，这也是政府在决定是否提供支持时的考量基础。同样，产业集群或园区等企业间的协同网络构建也应依循此规则，以某些技术创新园为例，早期自发形成的园区通常内部联系自由，多元文化相互融合，激发了创新活力，为科技旅游提供了丰富的内容和多元的体验，使得这些园区充满活力，而后期由政府推动建立的园区，若未依托真实的比较优势，可能会出现发展困难的情况，标准化的运作模式可能抑制了科技创新的动力，进而影响到科技旅游的发展潜力。

二、激活要素

（一）增强基础供给要素与旅游产业发展的协同效应

旅游产业的发展与基础供给要素之间的关联性加强，对于优化旅游产业结构具有重要的意义。这种关联性强化意味着将传统的供给要素，如劳动力、资本、土地和技术，更有效地与旅游产业的特定需求结合起来，实现资源的最优配置。例如，通过提升劳动力的服务技能和专业知识，可以直接提高旅游服务质量，增强旅游目的地的吸引力。很长一段时间内，我国旅游产业的发展都受到了资金短缺问题的困扰，对此，资本的合理投入，如在基础设施和旅游景点的持续改造升级，能够改善游客体验，能够扩大旅游目的地的接待能力。此外，科技的应用，如通过信息技术提高预订系统的效率和便捷性，能够在提高游客满意度的同时，也为旅游企业带来更高的运营效率。在土地资源的管理上，合理规划旅游用地，确保旅游开发与环境保护的平衡，可以为旅游产业的可持续发展提供保障。

（二）加强旅游无边界产业集成

加强旅游无边界产业集成，是对旅游产业结构优化的重要策略，涉及旅游市场分析、产业集成和价值增值等方面。

在旅游市场分析方面，深入洞察市场趋势和消费者行为至关重要，这需要旅游企业不断跟踪和研究市场动态，如新兴的旅游偏好、消费模式的变化和潜在的目标市场。企业应通过数据分析和顾客调研，精确理解游客的需求和期望。例如，对于追求个性化体验的游客群体，企业可以开发定制旅游服务，为不同需求的游客提供独特的行程规划和专属体验。考察国际旅游趋势，如生态旅游、文化探索旅游，将有助于企业捕捉全球旅游市场的新机遇。

在旅游产业集成方面，目标是打破传统产业界限，实现资源和能力的跨界整合。这要求旅游企业与文化、娱乐、教育等其他行业展开深度合作，共同创造新的旅游产品和服务。例如，与地方手工艺品制造商合作，开展文化手工艺体验活动；或者与科技公司合作，利用虚拟现实技术为游客提供沉浸式的历史场景体验。跨界合作能够丰富旅游产品的内涵，还能为合作伙伴带来新的业务机会和收益来源。

关于价值增值，旅游无边界产业集成的目标是通过创新和合作为各方参与者创造更大的价值。这体现在经济价值的提升上，如增加收入和利润，还包括社会价值和环境价值的增长，如促进当地文化的保护、提升游客的满意度和忠诚度，以及促进可持续旅游的实践。例如，通过开发环保旅游项目，既可以吸引对生态环境保护有兴趣的游客，还能在保护自然环境的同时，提升企业的品牌形象和社会责任。旅游无边界产业集成过程，如图 2-6 所示。

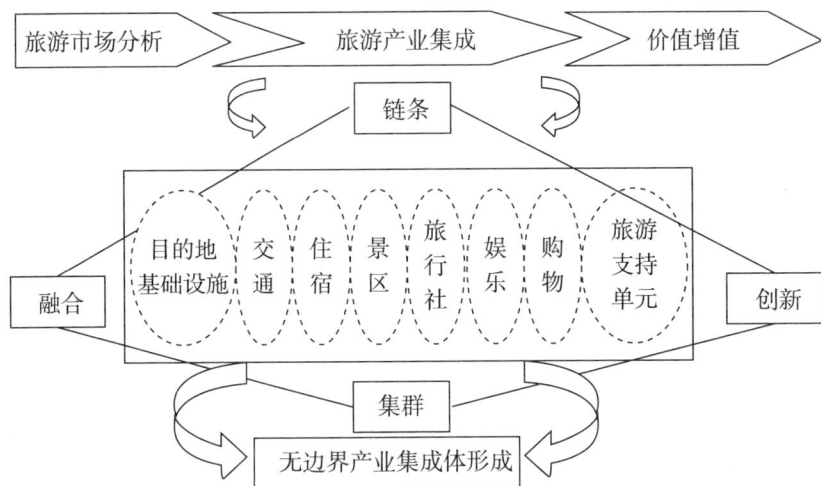

图 2-6 旅游无边界产业集成过程

（三）提高旅游供给的匹配度与引导性

旅游企业应不断调整和优化其服务和产品，以更好地满足日益多样化和个性化的旅游需求。

一方面，企业需要通过市场研究和数据分析，深入了解不同消费者群体的具体需求和偏好，包括对旅游目的地选择、活动类型、住宿偏好等方面的考量。基于这些洞察，旅游企业可以设计符合目标市场需求的产品，如为探险爱好者提供特色的户外活动，为文化追求者设计深度的文化体验行程等。企业还需关注旅游产品质量的提升，确保服务的专业性和响应速度，以增强顾客的满意度和忠诚度。

另一方面，旅游供给的引导性也不容忽视。企业应主动引导市场需求，创造新的旅游体验和概念，涉及创新思维的运用，如通过融合当地文化元素、生态资源或者科技创新，开发出独特的旅游产品，引领市场趋势。例如，利用虚拟现实技术提供历史场景重现，吸引技术爱好者和历史爱好者的兴趣；或者结合当地独特的自然景观和文化，开发专属的生态旅游路线。企业还应积极参与旅游目的地的可持续发展，如通过推广环保旅游项目，增强公众对环保的意识，引导旅游市场向更加可持续的方向发展。

三、协调发展

旅游产业结构优化的核心在于实现协调发展，这一点源于旅游者需求的连续性以及对供给的衔接和匹配的要求。协调发展本质上是资源要素在旅游行业内部的重新配置，这一过程是在市场竞争的推动下进行的，目的是将资源配置从原有的失衡状态转变为有序状态。在这个过程中，不同行业之间的技术水平和生产效率会逐步趋于一致，实现资源投入和产出的动态平衡。为了达到这一目标，首先需要建立一个有利于产业竞争的市场环境，保证资源要素可以自由流动。接着，需要推动旅游产业内部各部门的协调发展，确保各个环节和部门之间能够有效对接，形成整体的发展势头。最后，考虑到旅游产业与整个经济系统的关联，还需要促进旅游产业与其他产业间的协调，从而形成一个广泛的、互补性强的经济发展格局。

（一）基于市场机制优化旅游资源配置与流动

市场机制的核心在于通过供需关系自然调节资源的分配，从而实现效率最大化和成本最小化。对旅游产业来说，这意味着旅游资源如景点、住宿和交通等要素，应根据市场需求的变化进行灵活配置，例如，通过市场研究了解旅游消费者的偏好和行为，旅游企业可以相应地调整其服务和产品，如增加某些热门景点的投资，或者提高住宿设施的质量。市场机制还鼓励竞争和创新，促使企业不断优化自身运营，提高服务水平，以吸引更多游客。例如，通过引入创新的旅游体验或提高服务效率，企业可以在市场中获得更好的竞争地位。

在促进旅游要素流动方面，在开放和竞争的市场环境中，资源和要素可以根据效益最大化的原则自由流动，这对于旅游产业的发展尤为重要，因为它需要灵活地调整资源配置以应对市场需求的快速变化。例如，资本和人力资源可以从低效的旅游项目转移到更有前景的新项目，或者从一地转移到另一地，以响应不同地区的旅游需求。通过这种流动，旅游产业能够高效地利用资源，促进不同地区旅游产业的平衡发展。

（二）促进旅游产业部门的协调发展

这一策略的实施需要重点关注旅游产业内部各个部门之间的相互关系和互动，确保各部门能够协同工作，共同推动旅游产业的发展。例如，旅游产业的不同部门，如住宿、餐饮、交通和娱乐服务，应该在提供旅游服务的过程中形成有机的联系，这需要旅游企业之间建立有效的沟通渠道，共享信息资源，协调运营策略，以确保游客能享受到无缝且高质量的旅游体验。各部门还应在市场营销和品牌推广上进行合作，共同构建目的地的整体形象，提高其在国际旅游市场上的吸引力。

旅游产业部门间的协调发展也需要考虑到创新和可持续性。随着旅游市场的变化和新技术的出现，旅游产业的各个部门应该积极采纳创新理念和技术，提高服务效率和质量。例如，通过引入智能化系统和数据分析，旅游企业可以精准地满足游客需求，提供个性化服务。各部门应关注环境保护和社会责任，推广绿色旅游和文化旅游，以促进旅游产业的可持续发展。

四、非均衡增长

这种增长模式意味着旅游产业的不同部分可能以不同的速度和方式发展。在某些情况下，特定的旅游部门或区域可能会比其他部分快速增长，这种增长差异可以是由于多种因素，如区域资源的独特性、市场需求的变化、政策支持的差异或技术创新的引入。在非均衡增长的框架下，旅游产业的某些部门或区域可能会成为增长的引擎，例如，拥有独特自然景观或丰富文化遗产的地区可能会吸引更多的游客，从而带动当地旅游产业的快速发展。同样，某些旅游产业态如生态旅游、冒险旅游或奢华旅游，由于满足了特定市场细分的需求，也可能实现快速增长。这些增长点为旅游产业带来直接的经济效益，还可能促进相关产业的发展，如交通、住宿和餐饮服务。

但是，非均衡增长也带来了挑战，特别是在确保可持续发展和避免资源过度开发方面。快速增长的旅游区域可能面临环境压力和社会冲突的风险。因此，旅游产业的发展策略需要充分考虑到这些挑战，并采取相应的措施，这可能包括实施严格的环境保护措施，鼓励可持续旅游实践，以及确保旅游收益能够惠及当地社区。政策制定者和旅游企业还应考虑如何平衡快速增长与长期可持续性的目标，通过合理规划和资源管理，保证旅游产业的健康发展。

五、立足区域发展

旅游产业的发展应与其所在区域的特性、资源和发展阶段紧密结合。

（一）深入了解和利用区域内的自然、文化和历史资源

每个地区都有其独特的特色和优势，如自然风光、历史遗迹、民族文化等，这些都是旅游产业发展的宝贵资源，通过开发与这些资源相匹配的旅游产品和服务，旅游产业能提供更具吸引力的旅游体验，还能增强游客对目的地的认知和好感。例如，沿海地区可以发展海滨旅游、水上运动等，而山区可以侧重于生态旅游、徒步探险等。同时，每个地区的文化艺术、民俗风情也是吸引游客的重要元素，开发这些资源有助于丰富旅游产品的内涵，提升旅游体验的深度和广度。

（二）注重区域间的协调和合作

旅游产业的发展不应局限于单一地区，而应考虑整个区域的协同发展，这种协同可以是地理上的邻近地区之间的合作，也可以是功能上互补的区域之间的联动。通过区域间的合作，可以整合各地的资源和优势，形成多元化旅游产品体系。例如，相邻的地区可以共同推广跨区域的旅游路线，整合交通、住宿、餐饮等服务，提供便捷和丰富的旅游体验。区域内不同类型的旅游资源，如文化旅游、生态旅游、休闲度假等，也可以相互结合，形成互补的旅游产品组合。

（三）考虑可持续发展的原则

这意味着在开发旅游资源的同时，要注重资源的保护和合理利用，避免对环境造成破坏。旅游产业的发展应促进当地经济的多元化，为当地社区创造就业机会，提高居民的生活水平，确保旅游发展的利益能够惠及当地社区。此外，旅游产业应积极参与当地社会的文化保护和传承活动，通过旅游活动的开展，帮助保护和弘扬地区的文化遗产。

六、产业政策引导

首先，产业政策引导的一个重要方面是通过政策激励和支持来促进旅游产业的创新和升级。政府可以通过提供财政补贴、税收优惠、贷款支持等措施，鼓励企业投资于新技术的研发和应用，例如，支持使用智能技术和大数据分析来提升旅游服务质量和运营效率，或者投资于环保和可持续旅游项目。政策可以促进旅游产业与其他行业的融合，如文化、体育、教育等，以丰富旅游产品和服务的多样性。政府还可以通过政策引导，支持区域内的旅游企业发展，如对特定地区的旅游资源进行保护和开发，以提升其旅游吸引力。

其次，产业政策引导包括建立健全的旅游市场体系和监管机制。这意味着政府需要制定合理的行业标准和规范，确保旅游市场的健康有序发展。例如，制定旅游服务质量标准，加强对旅游市场的监管，打击非法经营和欺诈行为，保护消费者权益。政策还应鼓励公平竞争，为各类旅游企业提供平等的市场准入机会。政府可以通过政策支持旅游目的地的品牌建设，如开展旅游推广活动，提升旅游目的地的国际知名度和吸引力。

最后，产业政策引导还应关注旅游产业的可持续发展，包括促进环境保护、社会责任和文化遗产的保护。政府可以通过制定和实施相关政策，鼓励企业采取环保措施，减少旅游活动对环境的影响。政策还可以支持社区参与旅游开发，确保当地居民从旅游产业的发展中受益。政府应支持文化遗产的保护和传承，可以通过提供资金支持、制定保护政策和鼓励社区参与来实现这一目标，通过将这些文化遗产纳入旅游路线，增强游客对当地文化的认识和欣赏，确保这些宝贵文化资产得到有效保存并传承给未来世代。

七、积极借鉴国际经验

国际经验借鉴使旅游产业能够学习和采纳全球范围内的成功管理模式和运营策略，例如，可以参考其他国家在旅游产品开发、市场营销、客户服务和品牌建设等方面的成熟经验，包括了解如何有效利用数字技术来提升旅游体验，如通过虚拟现实和增强现实技术为游客提供独特的互动体验。国际案例还提供了关于如何处理旅游产业中的可持续性问题的洞察，如生态旅游的最佳实践、环境保护政策以及社区参与模式。借鉴国际经验也涉及了解和适应全球旅游市场的动态变化，随着全球化的发展，旅游市场呈现出多样化和复杂化的趋势，不同文化背景的游客有着不同的需求和期望，通过研究国际旅游市场的趋势，旅游产业可以更好地定位其产品和服务，满足不同市场细分的需求，例如，可以借鉴如何开发符合特定文化偏好的旅游产品，或者如何通过多语种服务和文化适应性来吸引国际游客。

除此之外，从国际经验中学习对于旅游产业的发展很重要，尤其是在面对全球性的健康危机和经济波动时。全球旅游市场受到前所未有的挑战，但这也为行业提供了学习和适应的机会，国际案例展示了在困难时期如何保持旅游产业的韧性和恢复力，包括有效的危机管理策略，如快速响应机制和紧急行动计划，确保在危机发生时能迅速采取行动。企业需要调整其业务模式，以适应市场的快速变化。例如，增加线上服务、调整旅游路线和产品，以满足变化的客户需求。

第三章 旅游业与文化产业的融合发展

第一节 旅游与文化的关系

一、旅游是文化的载体

（一）旅游发展与文化发掘

旅游与文化紧密相连，体现在两个主要方面。一方面，旅游活动深受文化的影响，同时独立于文化之外，对文化产生显著的反哺效应。另一方面，旅游本身是一种文化和经济现象，受文化制约，对文化产生深远影响。

在旅游的过程中，文化交流活动起着关键作用，游客在旅行时是文化的观察者，也是文化的互动者。文化的魅力和深度是给游客留下持久印象的关键因素，实际上，文化是旅游的核心和灵魂。对旅游景区而言，文化元素的提取和展示经历了从隐蔽到显著、从自然到有意识、从分散到集中、从散乱到有序的转变。这种转变保持了文化的连续性、稳定性和民族特色，也展现了文化的多样性，文化的多样性使得文化元素的分类变得复杂。为了便于在旅游中探索和利用这些文化元素，可以将它们分为多种形式，如观光文化、商务文化、会展文化、休闲文化、教育文化、体育文化、宗教文化和生态文化等。

文化元素在吸引游客方面起着核心作用。一个旅游项目的成功开发，很大程度上取决于文化元素的深度挖掘，无论文化吸引力是旅游项目的原动力，还是为了增强项目内涵而有意识地挖掘，对文化元素的深度挖掘都需遵循系统性思考。在这个过程中，需要考虑区域性、真实性、保护性和效益性等原则，以确保项目的成功和可持续性。

在当今社会，文化旅游正迅速崛起，成为一种新兴且受欢迎的旅游方式。文化对现代旅游业的影响日益加深，这主要体现在以下方面，如表 3-1 所示。

表 3-1　文化对现代旅游产业的影响表现

方　　面	主要内容	影　　响
文化消费的本质	旅游活动是文化消费，需满足游客在科学、历史、文学、艺术等方面的需求	增强旅游目的地吸引力
独特性的关键	文化是国家旅游业的独特性保持因素，缺乏文化支撑的旅游业会失去特色和吸引力	保持旅游业的独特性和竞争优势
提高素养和管理水平	旅游业管理者和员工的文化素质及管理能力直接影响游客体验和资源开发	提高旅游业的整体水平和效益
品牌和竞争力	文化在打造旅游业品牌和提高竞争力中发挥关键作用，形成独特的品牌效应	创建强有力的旅游业品牌
满足精神文化需求	旅游业应满足游客高级且复杂的精神文化需求，以保持其核心价值	确保旅游业的可持续发展

第一，旅游活动本质上是一种文化消费。游客出行的主要目的是获得精神上的愉悦和心灵上的满足，这就意味着旅游经营者需要提供符合游客文化需求的产品和服务。无论是自然景观还是人文景观，只有蕴含独特的民族和地方文化特色，才能吸引游客并激发他们的兴趣。这些文化资源既需要满足

游客在科学、历史、文学、艺术和社会学等方面的需求，而且需要具备无穷的魅力和独特性。因此，文化是旅游业发展的核心和本质。

第二，文化是国家旅游业保持其独特性的关键因素。正如常言所说，民族的是独特的，文化的传承是长久的，如果一个国家的旅游业缺乏本民族文化的支撑，它就会失去自己的特色和吸引力，无法展现该民族独特的精神特质。经验表明，那些旅游业发达的国家，往往都是凭借其独特的旅游文化脱颖而出。

第三，文化有助于提升个人素养和管理水平。旅游业的管理者和员工的文化素质及其经营管理能力，直接决定了游客是否能享受到高品质的审美体验和精神满足，这些因素影响着旅游资源的有效开发与利用，也推动着旅游业的发展，未来旅游业的竞争将越来越多地集中在文化方面。随着人们对旅游资源和服务的需求日益倾向于文化丰富、科技先进、参与性强的项目，旅游业管理者和员工的文化和管理水平也必须随之提升，以适应国际标准和时代发展的需要，确保中国旅游业的持续繁荣。

第四，文化在打造旅游业品牌和提升竞争力方面也发挥着重要的作用。在旅游活动中，游客的物质需求相对容易满足，而他们对精神文化的需求则更为高级和复杂，对旅游整体体验产生决定性影响。如果旅游业不能满足游客在精神文化方面的需求，那么它就失去了其存在的核心价值。由于文化具有独特的地域性、民族性和传承性，通常是一个国家或地区独有的，难以被模仿或复制。因此，在竞争中，文化资源的独特性减少了可比性，形成了一种垄断地位，易于建立强有力的竞争优势，并创造独特的品牌效应。作为旅游业竞争中的一种无形力量，名牌是旅游业可持续发展的宝贵资源，也是推动其走向成功的关键。

由此可见，旅游活动是一种经济行为，更是一种文化创造过程，旅游资源携带着深厚的文化基因，它们通过人们的旅行和探索活动得以传承和发展。在文明社会的背景下，旅行逐渐成为一种精神愉悦的源泉，激发了众多诗人和艺术家的创作灵感，催生了诸如游记文学这样的文化形式。历史上，许多文化精品，如诗歌、绘画、摩崖石刻、亭台楼阁、水利工程等，都是在人生低谷时期创造出来的，这些作品在旅游资源中占据着重要地位，如桂林的摩崖石刻、杭州的苏堤和白堤、新疆的林公渠和林公坊等，都是旅游文化的瑰宝，具有不朽的文化价值。旅游活动，尽管在经济层面上对旅游媒介来说是一种经济行为，但对旅游者本身而言，更多的是一种文化体验。旅游中的观赏对象不仅蕴含着丰富的文化内涵，旅游活动本身也是文化创造的过程，它的本质目的是丰富人们的精神生活，提升游客的文化体验。

旅游的核心是对自然和人文景观的探索，伟大的文学艺术作品都源自作者对自然的深刻理解和灵感。旅游审美活动的范围广泛，既包括壮丽的自然景观，还涵盖文物古迹、建筑园林、音乐舞蹈、社会风俗等多样的人文景观，这些人文景观既源于自然，又超越自然，是人与自然相结合的产物，展现了人类的智慧和追求，对游客产生了巨大的吸引力。

（二）旅游发展与文化优化

旅游与文化的关系深刻而复杂，尤其在旅游作为文化载体方面表现得尤为明显。旅游活动是一种休闲方式，更是一种文化交流和体验的过程，对游客而言，深入了解和欣赏不同民族的文化，是旅游活动中的重要动机之一，独特而丰富的文化背景能极大地提高旅游目的地的吸引力，使其成为游客追求文化体验的重要场所。

文化的多样性和独特性是吸引游客的关键因素，每个地区都有其独特的文化特色，如历史悠久的建筑、丰富多样的民俗活动、独特的风土人情以及传统艺术等。当游客在旅行中接触这些文化元素时，他们增长了见识，而且能更加深刻地理解和欣赏不同文化的魅力，例如，游客参观古代建筑时，不仅能欣赏到建筑艺术的美感，还能通过对建筑背后故事的了解，深入感受到历史的厚重和文化的深度。

旅游业的发展也推动了文化的传播和优化。旅游目的地为了吸引更多的游客，往往会加强对本地文化资源的开发和保护，这有助于保护和传承传统文化，还能促进文化创新，使得传统文化在现代社会中焕发新的活力。比如，一些传统手工艺品或民间艺术，通过旅游业的推广，得以保存下来，并在全球范围内被更多人了解和欣赏。通过这种方式，旅游一方面增加了目的地的经济收入，另一方面丰富了文化的内涵，促进了文化的交流和融合。

旅游与文化的互动关系则表现在多个层面。旅游活动为游客提供了直接接触和体验不同文化的机会，通过亲身体验，游客能深入地了解和感受不同文化的精髓和魅力，这种体验远远超越了书本知识或第三方传达的信息，它是一种直观、生动且深刻的文化学习过程，例如，通过品尝当地美食，游客不仅能感受到食物的味道，更能理解食物背后的文化和历史。与此同时，旅游业的发展也促进了地方文化的保护和传承，随着旅游业的兴盛，各地开始意识到本地文化资源的重要性，因此，加大了对这些资源的保护和开发力度。文化遗产的保护和修复有助于保留历史的痕迹，并为游客提供更加丰富和真实的文化体验。一些地区还通过举办文化节庆活动，展示传统艺术和手工艺，进一步增强了文化的传播和影响力。

（三）旅游发展与文化传承

旅游文化的传承性强调的是文化从历史的维度沿袭下来的连续性。所有现存的文化形态都是从它们的历史前身中继承并转化而来的，承接着前人的文化成就，在新的环境条件下创造新的文化价值，构建了一条纵向的文化传承链，这种传承使得文化的底蕴逐渐变得丰富。现代的旅游文化正是人类历史演变长河中的产物，其中，年代久远的文化资源因其深厚的历史积淀而显得格外珍贵。从制度层面讲，许多历史时期形成的旅游文化传统至今依然被沿用。例如，从古代的《禹贡》到明代的《徐霞客游记》，乃至被译介至海外的《法显传》和《大唐西域记》，都是旅游文化在制度层面历史传承的明证。

在旅游文化的精神层面，大量卓越的旅游文化观念被保留下来，对后世产生了深远的影响。每一种文化形态的产生都植根于原有的社会生产实践和历史文化传统，其发展过程中需从其母体中吸取具有生命力的成分，并将这些成分应用于当下的创造实践。这一过程是循序渐进的，绝非凭空创造或盲目模仿、移植所能实现的。近年来，全国各地兴起了许多名为"民族文化村"

的项目，其内部的民族歌舞和节庆表演虽然在一定程度上满足了游客的好奇心，但这些脱离了原生生活、生产实践和文化传统背景的活动，往往无法真正满足游客对于异地文化真实体验的需求，因而其吸引力难以持久。

对于旅游文化学这门新兴的边缘性学科而言，其理论和学术积淀尚显不足，与其他学科相比，尤其是与旅游学的相关学科如旅游经济学相比，无论是在数量上还是深度上都存在差距。因此，在旅游文化学的初期发展阶段，它必须依赖文化学、旅游学以及其他学科的理论体系和研究方法，积极借鉴和吸收这些学科的优秀成果，丰富和完善自身的理论体系。通过这种方式，旅游文化学可以在吸纳历史和现代知识的基础上，更好地理解和解释现代旅游文化现象，为旅游业的持续发展提供坚实的理论支撑。

文化传承并非单纯复制与模仿，而是一个涉及变革与演进的过程。一成不变的文化形式缺乏活力，真正的文化传承需要在继承传统的同时勇于创新，以此培养出具有深刻价值的文化底蕴。旅游活动的一大魅力在于其激发了对异域文化的探索欲望，游客踏足他乡，意在学习和体验当地的文化特色，如民俗风情、生活习惯、饮食文化等多种文化形态。这种文化的交流不限于游客对当地文化的学习，同时游客将自身的文化特色带入目的地，实现文化的双向传播与交流。这样的互动使得旅游成为文化多样性和丰富性的重要推手，促进了全球范围内文化的相互理解与尊重。

（四）旅游发展与文化保护

旅游作为文化的载体，其与文化保护之间的关系呈现出深刻的相互作用。旅游的发展依赖丰富多样的文化资源，同时为文化遗产的保护与传承提供了独特的机会。当游客踏足异国他乡，他们不只是在寻求新奇的体验，更多的是在探索和体验当地独特的文化底蕴，这种文化的探索和体验，促使旅游目的地重视本地文化的保护和展示，从而使文化遗产得到保存。

文化资源的丰富性是吸引游客的重要因素，旅游目的地通过展示其独特的文化遗产，如历史建筑、传统艺术、民俗风情等，能够显著提升其旅游吸引力。这种展示不限于物质文化遗产，也包括了非物质文化遗产，如音乐、舞蹈、节庆活动等。随着游客对这些文化资源的兴趣日益增长，旅游目的地的文化保护意识相应增强，进而投入更多资源进行文化遗产的维护和保护。

旅游业的发展也推动了文化保护意识的提升和文化保护技术的发展。随着旅游业的兴盛，对文化遗产的保护技术和方法提出了更高的要求，这包括了对历史建筑和艺术品的修复和维护，以及对非物质文化遗产的记录和传承。例如，一些地区通过录制传统歌曲、舞蹈和手工艺技术的视频，使这些易于消失的文化形式得以保存。此外，通过教育和公众宣传，提升当地社区和游客对文化保护的意识，也成为旅游发展中越来越重要的一环。

旅游业的发展和文化保护的需求互相促进。一方面，旅游业的兴盛带来了对文化资源的需求，促使旅游目的地加强对文化遗产的保护和传承；另一方面，良好的文化保护工作为旅游业提供了丰富的资源，吸引更多游客。这种相互作用有助于文化遗产的保护，推动当地经济的发展，实现了文化与经济的"双赢"。

二、文化是旅游的灵魂

（一）文化是旅游资源的魅力所在

《旅游资源分类、调查与评价》将"旅游资源"定义为："自然界和人类社会凡能对旅游者产生吸引力，可以为旅游业开发利用，并可产生经济效益、社会效益和环境效益的各种事物和因素。"

旅游资源构成了旅游业的核心，是其发展的根基，这些资源为旅游业提供了必要的物理和文化支撑，成为旅游活动的关键对象。旅游资源的主要特征可概括为以下几点：①其必须对旅游者具有吸引力，能够激发游客的旅游兴趣，并提供物质和精神上的愉悦，旅游资源的吸引力是其价值的核心，也是判断其质量优劣的主要标准。②旅游资源应当具备可利用性，对旅游业有着显著的经济、社会和文化贡献，能带来各种效益。③旅游资源是客观存在的实体，有些以物质形式存在，如自然景观和历史遗迹，有些则以非物质的文化元素呈现，如地区民俗风情。大多数旅游资源本身先于旅游业的存在，而非为旅游开发而生，即便是像城市景观这样的现代旅游资源，也是在形成之后被认识并用于旅游开发的。随着旅游者的喜好和习惯变化，旅游资源的范畴也在不断扩展。

旅游资源的文化特质深刻且多元，主要包括以下两方面。

1. 美学观赏性

旅游资源的核心特质之一是其高度的观赏性。旅游作为一种探索、学习和享受的方式，能够丰富游客的历史、地理和宗教知识，开阔视野、增强体魄并提供心灵的愉悦。人们选择旅游产品，不仅仅是因为其中包含的服务或设施，而是因为这些资源具有独特的观赏价值、历史价值和文化价值。无论是哪种类型的旅游，游客的主要目的是通过观光等活动来享受美的体验，获得知识，调节身心，实现各种精神上的乐趣，包括在美的体验中获得精神愉悦，通过广泛的知识获取来实现自我充实，以及通过怡情和寄情来满足情感释放的需求。

2. 民族文化性

作为自然存在的"资源"，它们本身并不具备内在的美学意义，而是通过人类的介入和文化的映射，赋予了这些资源以美的属性，因此，不同文化背景下的人可能对同一自然物有着不同的美学体验。旅游活动本质上是一种文化活动，文化的多样性是旅游资源吸引力的主要来源，正是因为文化的参与，旅游资源才显得有魅力。旅游资源的文化内涵丰富，它们既可以满足人们对美的事物的欣赏需求，也能通过旅游活动丰富人们的知识和智力；既提供休闲疗养和放松身心的机会，也能带来探险和发现自身潜能的体验；既可以从古老的建筑和历史遗迹中寻找文化的痕迹，也能通过日常生活中的细节体验民俗和风情。所以，旅游资源还具备启迪心灵、陶冶情操和开发智力的功能。

旅游资源的价值核心在于它们能满足游客的心理需求。游客的文化背景、成长环境、价值观念和习俗习惯的差异，显著影响着他们对旅游资源的价值判断。由于文化特殊性的影响，不同民族对同一旅游资源的理解和评价可能截然不同，一种自然或社会现象能否成为旅游资源，往往取决于民族文化的多样性。旅游资源的特点是：其越能与游客日常生活的习俗、文化背景和环境形成鲜明对比，其特色就越明显，内容就越丰富，对游客的吸引力也就越强。文化内涵是旅游资源的核心精神，每一种旅游资源都拥有其独特的文化价值。事实证明，旅游资源除能丰富人的精神生活、增长知识、促进健康外，还能推动经济发展、加强文化交流和增进相互理解。对任何旅游资源而言，它本身是自然而然的存在，并不是专为旅游而生，只有当人们发现其独特之美，才会对其产生游览和欣赏的欲望，当地政府或投资者认为其具有经济潜力时，才会对其进行规划和开发，挖掘其深层文化价值，使其成为引人入胜的旅游目的地。特别是在自然旅游资源的文化内涵挖掘上，通常从多个角度进行深入探究：①旅游资源的特质首先体现在其科学性上，作为客观存在的物理实体，旅游资源具备独特的形态结构，其科学本质从其形成之始，经过自然发展过程，至今日的状态一以贯之，这种科学性涵盖了众多方面，包括资源的成因、演变历程、保存的科学特征、设计和材料使用的科学原理，以及它们在不同时代的科学价值。②旅游资源的审美性不容忽视，其美学价值主要体现在自然美和和谐美上，自然旅游资源对游客最根本的吸引力源于其原始的自然美和和谐之美，开发者需具备开阔的视野，通过发散思维和想象力，深入挖掘并欣赏其独特的美学特质。③旅游资源的另一重要方面是对其生物资源的深入研究，这涉及对生物资源的种类、特点和生存模式的全面考察，从而全面理解和利用旅游资源的生物学价值。这三方面共同构成了旅游资源的核心特质，为旅游业的发展提供了丰富的基础。

人文旅游资源的文化内涵挖掘可以从三个维度展开：一是历史性探究，人文旅游资源作为历史的见证，其历史价值的探索应追溯至其最初的记录。深入研究该资源在不同历史阶段的发展轨迹，关注区域内的重大历史事件、显赫人物以及遗留下来的历史印记，并评估这些历史遗迹的学术价值。二是艺术性解读，人文旅游资源的艺术价值既体现在其本身，还显现在各类艺术作品中，如绘画、雕塑、建筑、书法和设计，对这些艺术遗产的现状进行深入研究，旨在发现并评价其独特的艺术特性。三是文化精神及社会影响力评估，这涉及对旅游资源所体现的文化精神进行深入研究，探讨这种文化精神对周围社区居民的潜在影响，从而提炼出旅游资源的文化精华。

旅游资源在多样性中凸显其文化的重要性，旅游的吸引力和潜力在很大程度上依赖文化的魅力，文化内涵和底蕴的丰富性能使旅游资源变得迷人。文化特色的体现需要精准把握文化的核心和特质，并以现代和大众化的方式进行解读和表达，缺乏深厚的文化底蕴，旅游资源便会失去生命力和活力，难以实现飞跃式的发展。正如古语所言："山不在高，有仙则名；水不在深，有龙则灵。"这揭示了文化对自然的赋予和提升，文化为自然注入生机与灵性。在旅游业的发展中，文化资源已经成为重要的一环，那些旅游吸引力强、竞争力高的地方，都是拥有独特文化品格和文化魅力的地方。

文化与人文旅游资源之间的关系紧密而复杂：文化是人文旅游资源的源泉，这些资源反映并包含了文化。要有效地开发和鉴赏人文旅游资源，就必须对其背后的文化进行深入解读，人文旅游资源归属于文化的广泛领域，其中许多文化资源经过适当开发，就能转化为具有强大吸引力的旅游产品。这些资源蕴含着丰富而深刻的文化内涵，所以，无论是游客欣赏、规划师规划，还是旅游商开发，都需要具备相应的文化素养。从自然旅游资源与文化的关系来看，壮丽的山河与文化相互滋养、相互映照，虽然许多自然旅游资源本身可能不具备文化属性或历史文化的层叠色彩，但自然之美必须通过文化视角来欣赏，需要运用科学知识来解释。此外，将自然景观转化为旅游产品，必须依靠文化手段，即旅游开发，来实现。从这个角度来看，自然旅游资源同样具备一定的文化特性，与文化关系密切。

（二）对文化的探索是旅游活动的动力与目标

旅游活动的核心目标涵盖了乐生、养生、健身、求知和审美等多方面需求，这些都是根据马斯洛的理论属于较高层次的文化追求。对于异域文化的探索、田园景观的欣赏、民俗风情的体验，展现了人类对新奇和不同的渴望。在险峻的山峦中寻求美感，在浩瀚的河流中感受自然的雄壮，这些都是审美意识的觉醒和生动体现。人们渴望在自然界中找到灵感，从人类的文明发展中汲取智慧，这反映了对知识和智慧的追求。旅游不仅是身体上的放松，更是精神上的净化和愉悦，通过与自然和谐相处，参与不同文化的活动，人们可以暂时忘却日常生活的烦恼，实现心灵的平静。在旅行过程中，既可以增强体质，还能通过与大自然的亲近来缓解压力，体现了健身和养生的需求。所有这些旅游需求的满足都依赖文化的深入参与，同时也展现了文化本身的价值和意义。

总体说来，对文化的探索是旅游活动的动力与目标，笔者认为表现在以下方面，如表 3-2 所示。

表 3-2　对文化探索是旅游活动的动力与目标的表现

方　面	内　容	文化意义
文化的核心吸引力	文化因素成为旅游动机的重要刺激源，包括民族文化、地缘文化等，这些都是旅游者决策的核心吸引物	促进对不同文化的理解和欣赏
规范旅游者行为的基础	旅游行为受社会生活规则约束，庞杂的观念体系影响人们对旅游内容的追求和旅游方式的选择	引导旅游者采取更文化化、规范化的旅游方式
旅游的根本动因	旅游本质上是文化的体验和享受，旅游产品和服务的文化内涵直接影响旅游业的品质和前景	满足旅游者的精神文化需求，提升旅游体验

（三）文化交融是旅游业实现经济效益与社会效益的途径

文化交流与旅游业的融合在中国大地上激发了空前的活力和动力，带来了显著的经济和社会效益，为人民带来了切实的好处。

第一，这种结合有助于将优秀文化遗产的保护传承与经济社会发展紧密相连。中国在其五千年的历史中孕育了灿烂的文化，留下了无数珍贵的文物遗迹和非物质文化遗产，这些文化遗产是中国悠久历史的见证，也是民族智慧和精神的象征，展现了民族的生命力和创造力，是全人类文明的珍宝。近年来，随着政府政策的完善和投资的增加，重点文化遗产地的保护得到了加强，博物馆等机构对公众免费开放，使得这些文化资源和古迹焕发新生，成为旅游业繁荣发展的重要资源和动力。文化遗产与旅游的结合不仅展示了地方的独特文化内涵，还促进了旅游衍生产品和服务业的发展，成为推动地方经济社会发展的新动力。事实证明，对具有市场潜力的非物质文化遗产，积极结合旅游业和旅游纪念品开发，推动旅游市场的产业化，是保护和传承非物质文化遗产的最有效、最可持续的方式。

第二，文化与旅游的结合有利于加速贫困地区人民的脱贫致富，帮助更多人实现共同富裕。许多旅游景点位于偏远的贫困地区，由于自然条件和基础设施限制，当地经济发展面临困难。然而，将文化与旅游结合起来，为当地居民提供了摆脱贫困、实现跨越式发展的新途径。

第三，文化与旅游的结合对提高整个社会的文明素养、推进社会主义新农村建设发挥着重要作用。将精神文明建设融入景区评级的核心内容，带动了旅游景区的基础设施、环境卫生和服务条件的显著提升。这种改善既体现在文化氛围和社会秩序的提升，还在乡村面貌的全面焕新中展现，呈现出社会主义新农村的新气象。

第四，这种结合利于创新爱国主义教育和革命传统教育，如韶山、井冈山、延安等革命遗址，它们既是爱国主义和革命传统教育的重要场所，也是发展旅游的珍贵资源。革命文化与旅游的融合，即红色旅游，成为旅游界的亮点，在教育领域创新，甚至革命老区的经济发展中发挥了重要作用。红色旅游成为多重意义的工程，带来了政治、社会和经济上的多重效益。

第五，这种融合对促进民族团结和进步，巩固和发展平等、团结、互助、和谐的民族关系也至关重要。民族地区拥有丰富的旅游资源，包括美丽的自然风光、多样的民族风情、深厚的历史文化和独特的非物质文化遗产等。通过文化与旅游的结合，加速了各民族间的交流和沟通，增进了不同民族文化的相互理解，加深了民族之间的感情，使得各族群众进一步感受到相互间的紧密联系。显然，文化与旅游的结合带来了广泛而深远的好处，其价值和影响深远且长久。

当前，经济发展方式的转变正在加速进行，其中，以旅游业为代表的服务业正蓬勃发展。人民群众对文化旅游的消费潜力日益显现，文化与旅游的深度结合展现出广阔的发展前景。充分认识到文化与旅游结合的重要性，积极开发利用地方的悠久历史文化、红色文化以及丰富的民族民俗文化等资源，是发展旅游文化产业的关键。通过培育新的旅游文化业态，打造具有特色的旅游文化品牌，可以推动旅游文化产业迈向新的发展高峰，满足人民群众日益增长的精神文化需求，为经济发展模式的转变做出更大贡献。

第二节　旅游业与文化产业的融合机理

一、旅游业与文化产业融合发展的内在基因

旅游业与文化产业的融合，根植于旅游和文化的本质及其相互关系，这是判断两者跨界融合可行性的关键。旅游与文化的相生关系，加之旅游业的开放特性和文化的穿透力，共同指向这两个领域的融合是行得通的。

（一）旅游与文化的相生关系

人类文明的历史同样是休闲的历史，休闲是文化创造的土壤。亚里士多德曾经指出，休闲是文化的基石，人们在休闲中创造文化，文化又满足了人类对休闲的需求。旅游与文化的相生还体现在功能上的一致性，从满足需求的角度出发，旅游的文化动机源于了解异域文化的愿望，这包括了音乐、民俗、舞蹈、绘画和宗教等，文化成为旅游活动的核心动力。同时，旅游本质上是心理愉悦的审美过程，而审美无疑是文化的表现。

（二）旅游的开放性与文化的穿透力

从经济学的角度来看，一个产业由生产同类产品的企业构成。旅游业因其与相关产业的业务联系而显现开放性，旅游活动作为异地休闲的表现形式，其广延性意味着旅游业的开放性特征。与此相对应，文化产业展现了渗

透性，文化产业的逻辑在于为产品赋予文化元素，使其融入文化系统，商品因文化意义的附加而转变为符号。文化产业化过程展现了文化资源对产品或服务的依赖性及其对其他产业的渗透性，旅游业的开放性与文化的渗透性共同表明，旅游与文化的跨界融合是可行的。

旅游与文化的相生关系及旅游业的开放特性和文化的渗透力，这两个方面在一定程度上构成了旅游业与文化产业融合发展的内在基因，成为这两大产业融合发展的核心推动力。

二、旅游业与文化产业融合的动力系统

产业融合的现象起源于电子信息产业，并逐渐扩散至整个现代经济领域。目前，流行的产业融合理论深受电子信息产业的影响，其核心在于强调市场和竞争驱动下的技术革新以及产业间的相互渗透。这种融合涵盖了从技术创新到产品开发，再到市场营销和经营管理等所有产业运营领域。旅游业与文化产业，作为现代产业体系的组成部分，其融合发展也遵循着这一动力框架，并呈现出各自产业的特色。旅游和文化产业都以内容为核心，因此它们之间的融合重点在于内容创意，围绕"产品—营销—市场"进行。旅游与文化产业间融合的动力模型可以这样描述：在大众文化消费的背景下，基于旅游和文化的共同起源，以资本作为连接纽带，行业竞争和国家社会战略作为驱动力，以内容创意和渗透扩展为主导，以"产品—营销—市场"为核心平台来展开。

（一）旅游业与文化产业融合的推力

旅游业与文化产业的融合，本质上是创意与文化的结合，为旅游业带来新的竞争优势。在这一过程中，创意作为推动力，引领了旅游产品和服务的创新，通过将文化元素融入旅游体验，旅游目的地不仅能展现其独特的历史和文化特色，还能创造出独一无二的旅游体验。例如，结合当地传统文化打造的主题酒店、文化体验活动，既丰富了游客的选择，也提升了旅游体验的深度和广度。文化产业的渗透使旅游产品更具吸引力和竞争力，如红色旅

游、民俗旅游等，都是文化资源转化为旅游吸引力的例证。此外，通过创意和文化的融合，旅游业能够更好地适应市场变化，满足游客日益增长的个性化、多样化需求。这种融合一方面促进了旅游业的可持续发展，另一方面加强了文化遗产的保护和传承，为旅游目的地带来了长期的经济和文化利益。

（二）旅游业与文化产业融合的拉力

如今，旅游消费升级正成为旅游业与文化产业的融合的重要拉力。在消费者日益追求个性化、高品质体验的趋势下，旅游产品不再仅仅被看作是休闲娱乐的方式，而是成为一种文化体验和个性表达的途径。这种消费观念的转变促使旅游业者将文化元素深度整合到旅游产品和服务中，如通过开发具有地域特色的文化体验项目、打造以文化为主题的旅游景点，以及提供能够体现当地文化特色的住宿和餐饮服务等。这种融合满足了消费者对于文化深度和旅游体验质量的需求，还创造了新的市场机会，推动了旅游业的经济增长，并且文化产业通过与旅游业的结合，实现了文化资源的有效利用和价值最大化，使文化遗产得到保护和传承。

（三）旅游业与文化产业融合的支持力

随着中国社会经济结构的升级和调整，旅游业和文化产业正经历从粗放型向集约型、品质型的转型。自 2008 年全国旅游工作会议以来，旅游产业的转型升级已成为政府、产业界和学术界关注的核心议题。在这一转型过程中，文化被视为提升旅游业品位和价值的关键，无论是国家层面、区域层面还是地方层面的旅游发展规划，都强调了文化在提升旅游品质方面的作用。《国内旅游提升计划（2023—2025 年）》的颁布，加快了文化对旅游发展的促进作用。旅游本身既是一种文化现象，也成为当今世界最普及的交流方式，是展示和传播文化的重要渠道。从文化产业的视角来看，旅游业不仅代表着巨大的市场潜力，也是连接人民大众情感和精神的桥梁，正是这种背景，为旅游业与文化产业的融合发展提供了坚实的支撑。

三、旅游业与文化产业融合的驱动因素

（一）企业行为的驱动

随着市场竞争的加剧，旅游企业正寻求通过创新和差异化策略来获取竞争优势，而文化元素的融入为企业提供了新的创新路径。企业开始更加注重文化资源的挖掘和利用，将文化特色和价值嵌入产品和服务中，以满足消费者对于独特体验和文化认同的需求，例如，一些旅游企业结合地方特色文化，开发了具有地域特色的主题旅游产品，如民俗体验游、历史文化探索游等，这些产品丰富了市场供给，也提升了企业的品牌形象和市场竞争力。此外，企业行为的驱动还体现在对文化产业的直接参与和投资上，许多旅游企业开始跨界进入文化产业领域，如投资文化创意产品的开发、参与文化活动的策划与执行等，以实现产业链的延伸和多元化发展。这种跨界合作促进了文化资源的有效利用，为旅游产品提供了丰富的文化内涵。企业通过参与文化项目，可以理解和把握市场趋势，为消费者提供符合期待的旅游体验。

（二）旅游者需求的驱动

在当代社会，随着经济水平的提升和文化意识的增强，旅游者不再满足于传统的观光旅游，他们开始寻求深层次的文化体验和个性化的旅游服务。这种需求转变促使旅游业重视文化元素的融入，不仅仅是在旅游目的地的选择上，更在旅游活动的内容和形式上。例如，越来越多的旅游者倾向于参与当地的文化活动，体验地方的民俗风情，探索历史古迹背后的故事。这种对文化深度的追求推动了旅游业向细分化和个性化的方向发展。

旅游者的这种需求也促使文化产业与旅游业的紧密结合。文化产业通过提供丰富多样的文化产品和服务，满足了旅游者对于文化探索的需求，推动了文化与旅游的深度融合。在这个过程中，除传统的文化元素如戏剧、音乐、艺术等被纳入旅游体验外，更多新兴的文化形式，如电影、动漫、网络文化等也开始与旅游业相结合，为旅游者提供丰富和多元的旅游选择。

（三）政府引导的驱动

政府负责为这两大产业的有机结合提供必要的平台。由于文化和旅游业的发展往往需要庞大的基础设施支持，而这些投资通常涉及巨额资金且直接经济回报并不显著，因此政府在基础设施建设中扮演着关键的角色。接着，政府在政策制定和规划方面也发挥着重要作用，鉴于旅游文化产业对于区域经济的积极影响，政府通过制定相关政策和法规，如知识产权保护法律和产业发展政策，来确保这些产业的健康发展。政府通过财政投入，可以加强产业发展的稳定性和持续性。

政府的投资决策和发展规划还吸引了投资者对文化旅游业的关注。政府的规划和投资决策通常会引导私人投资者对有经济效益的文化旅游项目、场馆建设及配套服务设施投资，这样的集聚效应吸引了资金，也带来了人才和技术，共同推动文化旅游产业的进一步发展。简言之，政府在旅游业与文化产业融合的各个环节中发挥着决定性作用，从基础设施建设到政策规划，从投资决策到产业引导，都在推动着这两大产业的有效结合与共同繁荣。

（四）中介机构发展的驱动

中介机构，如文化与旅游咨询公司、市场研究组织和专业营销团队，搭建了两大产业之间的桥梁。①中介机构通过专业的市场研究和深入的行业洞察，能够精准地识别消费者需求和市场趋势，为旅游和文化产品的开发提供指导。②这些机构既帮助旅游业者了解文化产业的发展动态，也协助文化产业界的企业洞悉旅游市场的潜在机会。例如，通过市场研究，中介机构能够指出旅游者对于特定文化体验的偏好，从而指导旅游企业设计符合市场需求的文化旅游产品。③中介机构在旅游业与文化产业之间的协作和资源共享方面起到重要作用。这些机构通过提供咨询服务、策划活动和促进合作，加强了旅游和文化产业之间的联系。协助企业在项目策划、产品设计、市场推广等方面实现创新和优化，进而提高旅游文化产品的吸引力和市场竞争力。例如，中介机构可能会协助旅游景点与当地文化艺术团体合作，创造独特的文化体验活动，或帮助旅游地开发与当地文化紧密结合的商品，以增强游客的文化体验。

（五）市场机制的驱动

市场对文化旅游产品的需求，通过价格机制和资源配置，逐步在特定区域内培育并发展旅游文化点，最终形成文化旅游目的地，这一过程体现了产品与市场之间的持续适应与优化。文化旅游目的地的发展本质上是市场需求推动的进化过程，在旅游与文化产业融合的初期阶段，市场机制所产生的集聚效应促使相关的食宿、交通、购物、娱乐等产业向文化旅游资源密集区域集中，同时吸引了资金、技术、人才等资源向该区域流动，促成了旅游文化景区的形成。一旦旅游文化景区建立，它就会激发自我增强的动态，持续吸引游客，推动产品和服务需求的增长和提升，形成旺盛的消费市场。从这个过程中可以观察到，市场推动力的作用下，旅游业和文化产业通过突破传统的产业界限，降低了交易成本，塑造了持续的竞争优势。

四、价值链视角下旅游业与文化产业的融合

（一）产业价值链

应用价值链理论于产业组织的分析，即将价值链的概念拓展至产业层面，是对价值链理论在广阔领域的探索和实践。产业价值链并非随机组合而成，而是为了满足特定消费者需求，围绕核心的技术、工艺、文化或模式等价值构建的关联体系。产业价值链基于产业分工，形成了横向或纵向的协作关系，由此衍生出的产业价值链是各个企业通过特定价值活动链接而形成的系列活动链条，每个企业的价值链都是整个产业价值链的一部分。产业价值链的核心在于指引产业价值的发展方向，并以"创造价值"作为其终极目标。

产业价值链具备结构和价值两个主要属性：结构属性指的是在产品从生产、流通到消费过程中涉及的各环节和组织构成的链状结构；而价值属性则涉及产业链上下游的价值交换，即上游环节向下游环节提供产品和服务，下游环节向上游环节反馈信息和需求。

总体上，产业价值链可细分为三大环节：原材料生产与供应、中间品生产、最终产品生产，这些环节彼此紧密相连，构成了产业的完整流程。进

一步细化，这些环节包含了研发、采购、运营、销售、服务等多个活动，每个环节的互动都对产业价值产生直接影响。然而，并非所有环节都能创造价值，通常只有特定的几个环节才是真正的价值创造者，这些关键环节既构成了产业价值链的"战略环节"，也是产业利润的关键所在。

（二）旅游业价值链

通过"供给"视角定义产业时，涉及生产相同产品或服务的企业集体构成了特定产业。对旅游业的定义从"需求"角度出发，涵盖了在旅游过程中满足消费者在食、住、行、游、购、娱等方面需求的各类部门或企业的集合。从这些定义可以明显看出，旅游业价值链与传统产业价值链在结构上有显著差异，它主要围绕旅游者需求来配置和提供旅游产品。

旅游业价值链是指在旅游行业内，不同企业分担各自的价值创造职能，共同为终端消费者提供产品或服务时所形成的分工合作关系，这一价值链涵盖了产品从供应端到消费端的整个流程，旨在将产品价值有效地传递给旅游消费者。在这个供应过程中，中间商的参与不可避免，形成了一个紧密相连的价值链条。一方面，这条价值链展现了"供给—需求"的关系，即产业内各企业承担的价值创造职能；另一方面，也揭示了旅游业内部企业之间的分工合作关系。但无论是哪种形式，其核心都是以满足消费者需求为首要目标，这是价值链存在的最大意义。可以认为，旅游业价值链是为了满足旅游者在旅行过程中的各种需求而构建的，它以旅行社为中心，通过旅游景区、交通、餐饮、宾馆酒店、娱乐及旅游商品等环节的协同作用构成，形成了一个全面、互联的价值网络，有效地服务旅游消费者的全方位需求。

（三）文化产业价值链

文化产业价值链主要包括四个环节，即创意策划、制作生产、文化传播和文化消费，如图 3-1 所示。

```
┌──────────┐
│  创意策划  │◄─────────┐
└──────────┘          │
     │                │
     ▼                │
┌──────────┐          │
│  制作生产  │          │
└──────────┘          │
     │                │
     ▼                │
┌──────────┐          │
│  文化传播  │          │
└──────────┘          │
     │                │
     ▼                │
┌──────────┐          │
│  文化消费  │──────────┘
└──────────┘
```

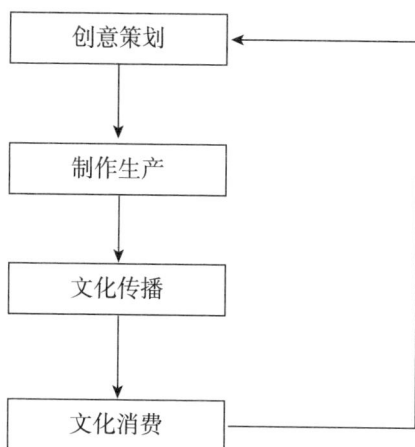

图 3-1 文化产业价值链

1. 创意策划

创意策划涉及原始概念的构思、内容的创新，以及如何将文化元素与市场需求相结合的策略。这一过程既需要深入挖掘文化资源的潜在价值，更要紧密结合当代社会的文化趋势和消费者的偏好。创意策划的成功与否直接影响着产品的市场吸引力和竞争力，因此，此环节需要充分发挥创造力和想象力，结合专业知识和市场调研，以确保最终产品既具有文化内涵，又能满足市场的需求。

2. 制作生产

制作生产环节将创意策划阶段的理念转化为具体的文化产品和服务。这个过程涵盖从原始素材的加工、内容的编辑到最终产品的制作，制作生产阶段要求高度的技术专业性和艺术创造力，以确保产品的质量和创新性。这一环节需要精湛的工艺和先进的技术支持，还需要对文化元素的敏感洞察和深刻理解。在制作生产过程中，保持原创性和文化特色的同时，需注意市场趋势和消费者喜好的变化，以确保文化产品既展现独特魅力，又具备市场竞争力。

3. 文化传播

文化传播包含了媒体推广、广告宣传、社交媒体互动等多种形式，旨在最大化地提升文化产品的知名度和影响力。文化传播的成功依赖对受众群体的深刻理解以及有效的沟通策略，确保文化信息在保留其核心价值的同时，也能引起公众的兴趣和共鸣。

4. 文化消费

消费者根据个人需求购买不同类型的文化产品，从而实现多样化的文化消费。对于文化产业价值链的增值过程，可以通过"微笑曲线"模型来形象描述，如图 3-2 所示。在这一模型中，位于价值链上游并具有较高附加值的创意策划环节是价值链的核心，创造了较高的利润；而制作生产环节的附加值相对较低。在价值链的下游，文化传播和文化消费环节的附加值则非常高，这些环节能够为文化产品带来直接收益，并孕育出各种衍生产品。

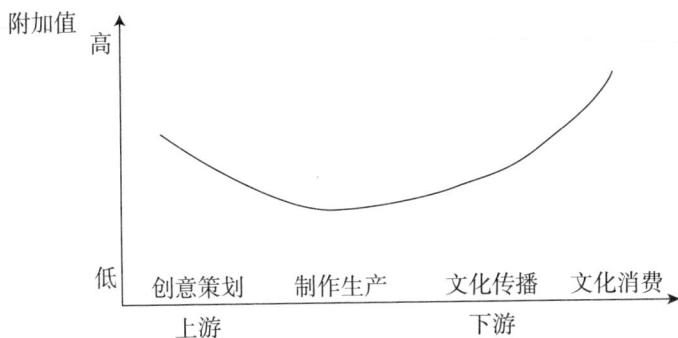

图 3-2　微笑曲线

（四）旅游业价值链与文化产业价值链的解构与重构

从产业价值链的视角观察旅游业与文化产业的融合过程，可以认为这一过程是一种新型产业价值链的形成，本质上体现为旅游业价值链和文化产业价值链在模块化基础上的解构与重构。在模块化的基础上，两个产业价值链的解构和重构意味着对一个可分解系统的各个部分进行创新性的分解和重新整合，这有助于实现复杂系统的创新。具体而言，就是将旅游和文化产业的价值链分解为独立的价值模块，然后根据特定的关联对这些模块进行重新组合和创新，从而实现两个产业的融合，形成一个新的产业价值链。

解构产业价值链的目的在于为模块的重组提供空间，更有效地构建新的产业价值链。重构的目标则是将产业价值链中各个环节结合成具有互补性的增值环节，使得旅游业价值链和文化产业价值链能够实现有机的融合，创造更大的融合价值。旅游业价值链和文化产业价值链的融合既保留了原有产业价值链的特性，还丰富和发展了其内涵。融合后的产业价值链突出了产业的功能，也集成了旅游和文化产业的优势，从而拥有更强的产业竞争力。此外，随着消费需求的变化，旅游和文化产品的特性也相应调整，进一步推动了融合后产业价值链的进一步解构与重构，促进旅游业与文化产业在广泛和深层次上的融合。

第三节　旅游业与乡村文化的融合发展

一、乡村休闲文化与乡村旅游的融合

（一）乡村休闲文化的内涵

1. 乡村休闲文化在新农村文化构建中的核心地位

乡村休闲文化作为新农村文化建设的关键部分，对推动新农村文化的发展具有显著影响。根据《中共中央关于推进农村改革发展若干重大问题的决定》，社会主义文化建设被视为新农村建设的核心内容和基石。这一方针强调了发展农村文化的必要性，旨在用先进文化满足农民日益增长的精神文化需求，并提升其思想道德素质。

乡村休闲文化的核心在于其深植于农村的属性，这使其自然成为农村文化的一个重要组成部分。乡村休闲文化的设施，如乡镇综合文化站、村文化室、农家书屋等，与文化惠民工程并驾齐驱，共同构成了全面的农村公共文化服务体系。乡村休闲文化除服务于城市居民外，也普惠于当地农民，它通过引入社会主义先进文化，占据了农村的文化阵地，并极大地满足了农民对文化的需求。因此，在新农村文化建设中，乡村休闲文化既丰富了农村文化的内涵，也提升了农民的文化生活质量，展现出其在新农村文化建设中的核心地位。

2. 乡村休闲文化在促进城乡文化交流中的作用

乡村休闲文化在弥合城乡文化差异中扮演着桥梁的角色。作为一种新兴文化现象，它融合了乡村文化的本质和城市文化的特点。乡村休闲文化将地方的传统文化，如闽南的南音、龙岩的山歌、莆田的十音八乐等，展现给游客和本地居民，同时城市文化通过各种活动如送书下乡、文艺演出、作家采风等被带入乡村，使乡村居民能感受到新的文化氛围。通过这种城乡文化的交流和互动，可以实现互补与共进，逐步缩小城乡之间的文化差异。

3. 乡村休闲文化在旅游业中的地位

对旅游的定义应当包含城市和乡村旅游两方面，从而形成完整的旅游文化概念。过去，人们常将旅游视为城市的专有领域，城市旅游成为多数人的首选，但是，随着旅游新理念的普及，越来越多的城市居民开始选择乡村旅游，在中国，乡村旅游业的迅速发展使其成为旅游业不可或缺的一部分。

（二）乡村休闲旅游的特征

1. 旅游资源丰富

乡村休闲旅游资源主要包括自然风光、传统乡村风貌、农业体验以及丰富的地方文化和民俗。乡村地区通常拥有未被过度开发的自然环境，如壮丽的山脉、清澈的河流、广阔的田野和丰富的生物多样性，为游客提供了亲近自然的绝佳机会。乡村地区保留了传统的建筑风格和生活方式，让游客能够体验到原汁原味的乡村生活和地方特色。此外，乡村休闲旅游包括参与当地的农业活动，如采摘、农耕体验等，这些活动为游客提供了与乡村生活互动的机会。

2. 旅游时间具有季节性

季节性主要由乡村地区的自然环境和农业活动所决定。不同季节，乡村的自然景观和农事活动各具特色，从春天的花海、夏日的绿野、秋季的丰收到冬天的宁静，每个季节都提供了独特的旅游体验。例如，春天可以体验花海游览和春耕，夏季可以参与果园采摘，秋天有收获体验，而冬天适合静享乡村的宁静美，这种季节变化不仅影响游客的旅游选择，也对当地的旅游经济产生重要影响。乡村休闲旅游的季节性特点需要在旅游规划和管理中得到充分考虑，以最大化地利用各季节的特色资源，吸引游客。

3. 游客行为的参与性

参与性主要表现在游客不只是观光者，而且是体验者。在乡村休闲旅游中，游客有机会直接参与各种乡村活动，如农作体验、手工艺制作、乡村建设和文化节庆等，这种互动性能够让游客深入了解乡村生活的真实面貌，增加了旅游体验的趣味性和教育意义。参与性旅游活动使游客从传统的观光客角色转变为体验者和参与者，从而深刻地感受乡村文化和生活方式。这种亲身体验使乡村休闲旅游与城市旅游区别开来，为游客提供了一种全新的、更加亲密的和富有参与感的旅游方式。

4. 人与自然的和谐性

在乡村环境中，游客可以亲身体验与自然环境融为一体的感觉，这种体验远离了城市的喧嚣和快节奏生活。乡村休闲旅游提供了一种回归自然、享受宁静的机会，让游客能够在大自然的怀抱中找到精神上的放松和心灵上的平静，这种旅游形式通常包括在田园中漫步、在山林间徒步、在清澈的溪流边垂钓等活动，使游客得以近距离地观察和欣赏自然景观，也可以使他们直接参与自然环境，体验生态生活的乐趣。与自然和谐共处的体验，丰富了游客的旅游体验，也提升了他们对环境保护和生态平衡的意识。

5. 旅游分布的地域性

旅游分布的地域性体现在乡村旅游活动通常依托于特定的自然环境和地理位置，每个乡村地区都有其独特的自然景观、文化背景和历史传统，例如，山区乡村可能提供登山、徒步等活动，而沿海地区的乡村可能以海滩和海上活动为特色。此外，不同地区的文化遗产、民俗活动和节庆习俗为乡村旅游增添了独特的地域特色。因此，乡村休闲旅游的地域性使得每个乡村目的地具有独特的旅游吸引力，还促进了各地区旅游资源的多样化和特色化发展。

6. 客源市场大众化和多元化

乡村休闲旅游呈现出客源市场的大众化和多元化特征，这意味着，来自不同年龄层、职业背景和文化水平的人群都成为乡村休闲旅游的潜在客户。家庭游客寻求亲子互动和自然体验；年轻人追求冒险和新鲜感；老年人则更倾向于寻找宁静和休闲的环境。乡村休闲旅游也吸引了摄影爱好者、环境保护主义者和文化研究者等特定兴趣群体。这种多元化的客源市场为乡村休闲旅游提供了广泛的受众基础，加之互联网的普及，更使得乡村休闲旅游信息能迅速传播到不同群体中，拓宽了其受众范围。

7. 消费水平相对较低

这主要是由于乡村旅游通常提供的是自然环境和乡土文化体验，这些通常不需要高额的费用。乡村住宿、餐饮和活动往往注重本地特色和自然体验，而不是奢华和高端服务。游客在乡村旅游中的主要开销通常集中在基本的住宿和餐饮上，而且这些服务的价格通常低于城市。许多乡村旅游的活动，如徒步、自然观察、参与当地农事等，本身费用不高或甚至是免费的，这种低消费特性使得乡村休闲旅游成为经济实惠的旅游选择，特别是对家庭游客和预算有限的游客来说，乡村休闲旅游是吸引人的选择。

（三）乡村休闲文化与乡村旅游融合的对策

1. 充分发挥政府的主导作用

乡村旅游业，作为一种新兴的战略性产业，其发展在很大程度上依赖政府的引导和支持。地方政府在推动乡村旅游发展中起着关键作用，需要发挥其主导地位。一方面，政府应通过建立稳固的管理体制和制定相关规章制度，对乡村旅游的规划审批、经营管理和卫生安全进行规范化管理和监督。另一方面，政府应在乡村旅游的基础设施建设、人才培养和市场营销等方面提供资金、技术和人才方面的支持。但这并不意味着政府应过度干预乡村旅游的具体事务，而是应在宏观层面为乡村旅游的健康发展提供指导。

（1）科学定位和整体规划

考虑到乡村旅游资源的多样性、复杂性和分布的广泛性，地方政府应邀请专家团队对乡村旅游进行全面评估。第一，进行科学定位，包括对区域内乡村旅游的需求量进行评估，对旅游资源的质量和发展潜力进行分析，以及考量基础设施和环境的承载能力。第二，进行整体规划，整合区域内的资源，对乡村旅游景点进行统筹布局和差异化设计。对于资源特点相似、地理位置相近的区域，应采取统一的规划和整合开发策略，以充分利用资源，避免产品同质化和重复建设，通过资源聚集和规模效应，提升乡村旅游的整体效益。

（2）完善相关法律法规

要确保乡村旅游业的健康、稳定和持续发展，关键在于建立和完善相关法律法规。地方政府需针对本地实际情况，制定实施具体而行之有效的地方性法规和条例，以便为乡村旅游提供坚实的法治基础。这样做将确保乡村旅游的经营活动有法可依、有序进行，为整个乡村旅游行业创造一个良好的法律环境。考虑到市场经济的特点，如市场的自发性和盲目性等，目前一些乡村旅游景区存在的问题，如卫生和安全标准不达标，以及一些商贩存在的宰客行为等，都需要地方政府的积极干预。政府应通过制定和完善行业规范标准，尤其在食品安全、服务质量、安全卫生等方面制定严格的规定，以此规范乡村旅游市场，创造一个健康、规范的发展环境。

（3）加强乡村基础设施建设的资金筹措和投入

乡村基础设施和旅游服务设施的改善对乡村旅游的发展很重要。目前，一些地区的乡村旅游基础设施需要大幅度提升，如有些乡村地区的道路狭窄且崎岖，缺乏清晰的道路指示牌，停车场稀缺，以及住宿和卫生设施条件欠佳等问题，这些问题减少了游客的到访，影响了游客的满意度。对此，地方政府应该增加对乡村基础设施的投资：一方面，改善交通状况，设置明确的旅游指示牌，增加停车场以适应自驾游客的需求；另一方面，提升乡村旅游相关服务设施的质量，尤其是卫生设施，确保有足够的休闲设施如座椅和凉亭供游客休息，从而创造一个舒适、休闲的旅游环境。此外，乡村旅游设施的投资不应完全依赖地方政府，而应该通过多渠道筹资，实现投资的多元化：①政府部门应将乡村旅游业的支持纳入财政预算，确保持续的资金支持，特别是对于重点项目的支持。②应通过多种形式的招商引资，吸引外部资金来注入新的活力。这种多元化的资金来源能够为乡村旅游的发展提供更加稳定和广泛的支持，有助于乡村旅游业的长期和健康发展。

2. 挖掘文化内涵，打造乡村旅游休闲品牌

第一，这要求对乡村地区的文化特色和历史背景进行深入研究，每个乡村都拥有其独特的文化遗产，如民间传说、历史故事、传统手工艺、乡土风情等，这些都是构建乡村旅游休闲品牌的宝贵资源。挖掘这些文化元素并将其有效地融入乡村旅游产品和活动，可以极大地提升乡村旅游的吸引力，例如，通过举办以乡土文化为主题的节庆活动、展示传统手工艺、重现历史场景等方式，可以让游客深入地体验和理解乡村的文化特色。

第二，打造乡村旅游休闲品牌还需要通过专业的品牌战略和市场营销，包括设计有吸引力的旅游产品，如特色乡村游、文化体验游、生态农业游等，以及通过有效的市场营销手段将这些产品推广给目标游客。

第三，在当前数字时代，使用数字营销、社交媒体和旅游博客等现代工具对乡村旅游品牌进行推广具有重要的作用。通过这些平台，乡村旅游目的地能够直接与潜在游客互动，展示其独特的景点和文化活动。例如，社交媒体的使用可以让游客通过分享他们的旅行体验和照片，间接为乡村旅游地提供口碑宣传。数字营销策略如搜索引擎优化（SEO）和在线广告可以增加乡村旅游目的地的可见度，吸引更多的网站流量。旅游博客和视频平台上的内容创作者可以通过吸引人的故事叙述和视觉呈现，增强潜在游客对乡村目的地的兴趣。

第四，与旅行社、酒店、当地企业等相关旅游业务合作伙伴建立合作关

系，这种合作关系有助于开发和推广综合性旅游产品，提供游客全方位的旅游体验。例如，与旅行社合作可以设计定制的乡村旅游套餐，满足不同游客的需求，同时借助旅行社的市场渠道和客户基础来扩大乡村旅游目的地的曝光率。酒店和当地企业则可以提供住宿和餐饮服务，增强游客的满意度和留存率。与当地企业合作可以推广地方特色产品，如手工艺品、农产品等，增加旅游收入。

3. 加大对内对外宣传力度

宣传是推动乡村休闲旅游发展的关键因素，尤其是对乡村旅游产品而言，有效的宣传策略直接关系到旅游业绩的提升。对大多数农户来说，传统的口碑传播或简单的小册子、传单宣传手段往往受限，影响力有限。政府部门的介入在乡村休闲旅游的宣传上扮演着重要的角色，例如，旅游主管部门可以协调广播电视、报纸等媒体资源，对乡村休闲旅游进行专题报道，制作专题片，将乡村旅游的独特魅力传播至广阔的受众群体，从而吸引更多游客前来体验。

在进行乡村休闲旅游的广告宣传时，重点应放在强调旅游目的地的独特特色上。如同夏威夷的旅游广告强调当地的热情好客，宋城突出历史氛围的浓郁，香港则突出其现代化都市的多元面貌。乡村旅游协会也可以主动出击，参与周边城市和县的乡村旅游展会，通过发放详尽的宣传册、现场介绍旅游项目及回答询问等方式，直接与潜在游客接触。宣传册内容需翔实、具体，涵盖乡村休闲旅游的资源、路线、项目、接待设施和条件等信息。可以在周边主要道路上设置显眼的招牌，加强对乡村休闲旅游区的宣传力度，这是提升乡村旅游知名度的有效途径。

4. 健全各项规章制度，做到标准化、规范化管理

制定和完善规章制度是确保乡村旅游发展秩序和质量的基础，包括对旅游服务标准、环境保护、安全措施、业务操作等方面的明确规定。例如，可以制定旅游服务标准，明确旅游接待、住宿、餐饮服务的最低要求，保证游客的基本体验和满意度。对于环境保护和安全措施的规定，既保护了乡村的

自然环境和文化遗产，又保障了游客的安全和健康。而通过制定和执行这些规章制度，可以避免无序竞争，防止资源的过度开发，确保乡村旅游的长期可持续发展。

为了实现规范化管理，需要建立一套有效的监督和评估机制，包括定期的质量检查、顾客满意度调查、环境评估等。通过这些机制，旅游管理者可以及时了解旅游活动的运行状况，识别并解决存在的问题。例如，通过顾客满意度调查可以了解游客的需求和意见，及时调整服务标准和管理措施；环境评估则有助于监控旅游活动对乡村环境的影响，确保旅游活动的环境友好性。还应加强对旅游从业人员的培训和管理，提高他们的专业水平和服务意识，以更好地适应规范化管理的要求。

二、田园文化与乡村旅游的融合

（一）田园文化心理

1. 农家生活的宁静与自然

（1）农家生活的宁静魅力

田园文化心态中一个核心要素是对农家生活宁静和自然状态的向往，这种心态源于对繁忙都市生活的反思和对自然、简朴生活的渴望。农家生活的宁静不仅体现在其环境的静谧，还反映在一种生活节奏和生活方式上。在这里，人们可以远离城市的喧嚣，感受大自然的平静与和谐。简单的农耕活动、清新的空气、宁静的乡村夜晚等都构成了这种生活方式的魅力。

（2）自然生活的追求

田园文化心态还体现在对一种自然生活的追求上。在乡村的生活环境中，人们倾向于简单、自给自足的生活方式，这种生活方式强调的是与自然和谐共处、尊重自然规律。人们在日常生活中亲近自然，体验季节变换带来的不同感受，享受自然赋予的美好。这不仅是对物质生活的一种追求，更是享受生活的本真和宁静，体验一种更加贴近自然和本真的生活态度。

2.环境的变化与压力的释放

随着城市化的快速发展和乡村旅游的兴起，以及新农村建设的深入，城乡之间的互动日益增强。从时间和空间的角度来看，城市生活节奏快速，时间被视为宝贵资源，尤其是在像北京、上海这样的大城市。城市空间相对狭窄，与广阔的乡村环境形成鲜明对比，城市居民很难接触到广阔的自然景观。相比之下，乡村提供了一个完全不同的环境：可以在广阔的自然中放松身心，夜晚躺在星空下，白天与山水为伴，享受蝉鸣鸟叫的自然音乐。在乡村，人们的心情变得宽广，心灵变得豁达，情感变得纯粹，精神得到放松。乡村旅游让人们可以释放工作的压力。

（二）当代乡村田园文化建设内容

1.保护传统村落，促进乡土建筑文化传承

（1）保护农村传统村落的重要性

保护农村传统村落不只是文化遗产的保存，也是乡村田园文化建设的核心内容。传统村落承载着丰富的历史信息和文化价值，它们是历史的见证，反映了一代代农民的生活方式和建筑智慧，保护这些村落意味着保持乡村的原生态和文化原貌，这对于传承文化、维护民族特色和促进乡村旅游具有重要意义。为此，需要制定相应的保护规划和政策，如将重要的传统村落列为文化遗产保护单位，实行专项保护和修复。应加强对当地居民的文化意识教育，提升他们对传统村落价值的认识，鼓励和引导他们参与保护和维护工作，确保村落文化的生动传承。

（2）促进乡土建筑文化的传承

乡土建筑文化的传承是实现乡村文化振兴的另一个关键方面。乡土建筑既展现了地域特色和历史风貌，还蕴含着适应当地气候和环境的传统智慧。推动乡土建筑文化的传承，需要从保护、研究和创新三个方面着手：一是对现存的乡土建筑进行保护和修复，防止传统技艺和设计理念的消失。二是通过研究和整理乡土建筑的历史、风格和技艺，提升对其文化价值的认识和理解。三是鼓励在新的乡村建设中吸收和应用乡土建筑的元素，实现传统与现代的融合，以便保护和弘扬乡土建筑文化，并为乡村田园文化建设提供独特的视角和素材，增强乡村的文化吸引力和特色。

2. 维护自然景观与文化遗存

（1）强化乡村生态环境保护

在当代乡村田园文化建设中，保护乡村的自然生态环境是重要的一环。乡村的绿水青山和田园风光既构成了农村美丽的自然景观，也是乡村文化的重要组成部分。为了维护这些宝贵的自然资源，要实行严格的环境保护政策，防止工业污染和无序开发对乡村环境造成破坏。应推动生态农业和可持续发展模式，鼓励农民采用环保的耕作方式，保持土地的肥沃和生态的多样性。加强对乡村生态环境的科学研究和监测，以及时发现和解决环境问题，确保乡村自然资源的可持续利用。

（2）保护和挖掘乡村文化遗存

乡村文化遗存包括传统民居、历史遗迹、民俗活动等，它们是历史文化的见证，承载着地区的文化记忆和精神特质。保护工作需要从物理和文化两个层面进行：在物理层面上，对历史建筑和遗址进行修复和维护，确保其结构安全和外观完整；在文化层面上，通过研究和记录乡村的历史故事、民间传说、传统习俗，使这些文化元素得以保存和传承。还应该将这些文化遗存融入乡村旅游和教育，让更多人了解和欣赏乡村文化的深厚底蕴，例如，举办文化节庆活动、开展田园诗画游学项目等，一方面能活化乡村文化，另一方面能增强乡村的吸引力，促进文化旅游业的发展。

3. 打造特色鲜明的历史村庄与民俗村镇

（1）打造具有历史与地域特色的村庄

在当前乡村田园文化建设的背景下，打造富有历史记忆和地域特点的村庄成为一项重要任务，这种建设不仅是对乡村传统文化和历史遗迹的保护，更是一种对地域特色的再现和弘扬。第一，重点要放在保存和恢复传统村落的原有风貌上，包括建筑样式、街道布局、乡土景观等，这些元素不仅展示了村庄的历史和文化背景，还反映了该地区的自然环境和社会发展。第二，应当结合当地的自然资源和文化元素，开发具有地域特色的乡村旅游产品，例如，利用当地的传统工艺、农业活动或民俗节庆，设计独特的旅游体验项目。通过这些努力，可以使村庄成为传统与现代相结合的文化展示窗口，吸引游客同时教育公众，增强地方特色和文化自信。

（2）建设体现民族风情的特色小镇

在乡村田园文化建设中，特色小镇的打造应当突出展示各民族独特的文化和风俗，如建筑风格、饮食习惯、节日庆典等。为了有效地实现这一目标，需要进行深入的民俗研究和文化挖掘，确保小镇的设计和活动能真实反映当地民俗文化的本质。小镇的建设应注重可持续发展，避免过度商业化和文化同质化，包括保持环境的自然状态，保护传统生活方式，并引入现代的管理和服务理念。通过这些方法，特色小镇能够成为民族文化传承的活生生平台，促进文化交流，提升游客的体验质量，为乡村经济发展注入新的活力。

4.加快乡土民俗文化的挖掘、保护和延续，营造乡村旅游的文化氛围

民俗文化，作为一种在人类适应环境过程中逐渐形成的文化现象，它既代表了世代相传的行为准则和生活方式，还体现了长期以来形成的社会规范。作为一个充满活力的民间文化系统，民俗文化生动地展现了文化传承的流程和现状，在这个广阔的民俗文化领域中，乡村民俗是一块特别的领域，它源自农耕文明，孕育于村落文化之中。这些乡村民俗文化因其地域特性、口头传承的特点和历史局限性，常常被忽视，甚至随着乡村的消逝而面临失传的风险。然而，乡村民俗，尤其是具有非物质文化遗产性质的习俗、民间信仰和民族传统，不仅蕴含着丰富的生产生活智慧和历史信息，而且与当地的农耕文明和乡村生活紧密相连，构成了珍贵的民俗文化旅游资源。城市居民往往对这些乡村特色文化不甚了解，若能对这些文化进行深入挖掘和精心包装，能够重现乡村历史的真实面貌，还能够将其转化为乡村文化的一道独特风景。

乡村民俗文化包括一系列丰富多样的传统活动，如节日庆典、婚丧仪式、传统习俗以及纪念性庆典等。这些文化在现代城市文化和流行趋势的影

响下正逐渐衰落。随着乡村文化的逐渐淡出，这些民俗文化亟须被挖掘、保护和继承。乡村旅游的魅力很大程度上源于这些丰富的民俗文化。

中国作为一个多民族国家，各民族的民俗节庆活动不仅是当地乡村文化的显著标志，也是具有悠久历史传承、深厚文化内涵、广泛民众参与和深远影响的独特民俗文化旅游产品。

5. 推进农业与文化、生态、旅游的融合

（1）融合农业与文化生态的新模式

在当代乡村田园文化的发展中，将农业与文化、生态、旅游紧密结合是一种创新举措。这种融合模式旨在打破传统农业的界限，将农业生产与文化活动、生态保护、旅游体验相互融合，形成一个多元化的乡村经济体系。第一，农业不仅仅是粮食生产，也是乡村文化的重要组成部分，将农业与当地的传统文化、民俗活动结合，可以丰富农业的文化内涵，如通过农耕体验、传统节庆活动等，让游客深入了解乡村文化。第二，生态保护是乡村发展的重要基础。通过发展生态农业、保护乡村自然景观和生物多样性，可以保持乡村的生态平衡，提升乡村的生态价值。

（2）发展农业文化生态旅游

农业文化生态旅游的发展是实现乡村经济可持续发展的关键，这种旅游模式强调农业生产与文化体验、生态休闲相结合，提供给游客多元化的旅游体验。例如，开发以农场为中心的休闲旅游项目，如果园采摘、乡村烹饪课程、农事体验等，让游客在享受田园风光的同时，体验农耕文化和农村生活。强调生态保护和绿色发展的理念，可以吸引越来越多寻求健康生活方式的游客，乡村旅游项目的开发应注重地域特色，尊重当地文化和习俗，同时注重生态环境的保护，避免过度商业化导致的环境破坏。

第四节　旅游业与体育文化的融合发展

一、体育文化的概念

体育文化的界定核心在于两个关键要素：一是它必须是人类的创造物；二是它必须与体育紧密相连。在此基础上，可以进一步阐释体育文化的含义。体育文化是文化的一个重要分支，涵盖了与人类体育活动相关的物质文化、精神文化和制度文化的总体，它反映了人类对体育现象及有助于体育事业发展的活动的总体理解，尤其在价值观、情感倾向和精神状态等方面有所体现。体育文化是以体育爱好者的心理预期为中心，包罗了所有以体育为主题的人类创造物和与体育直接相关的内容，这些内容构成了体育文化的丰富内涵。

二、体育文化的功能

体育文化的功能主要体现在五个方面，如图 3-3 所示。

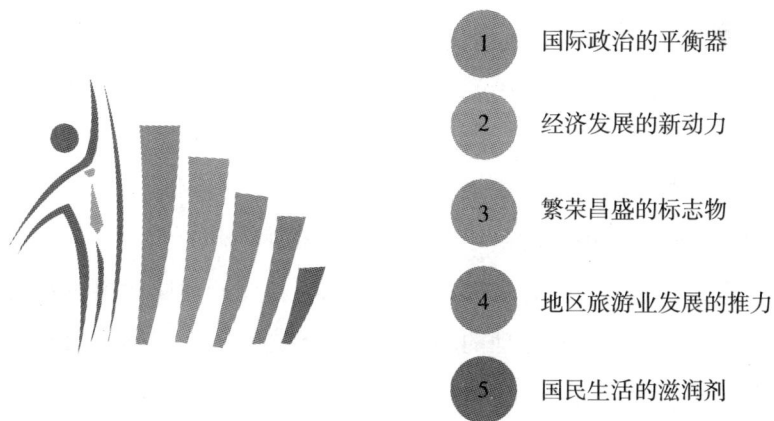

1　国际政治的平衡器

2　经济发展的新动力

3　繁荣昌盛的标志物

4　地区旅游业发展的推力

5　国民生活的滋润剂

图 3-3　体育文化的功能

（一）国际政治的平衡器

在全球化背景下，体育赛事特别是国际性大型赛事，如奥运会或世界杯足球赛等，成为各国展示自身文化、增强国家形象，以及推动外交政策的重要平台。这些赛事提供了一个非正式的、相对中立的场所，各国可以在此展开友好地交流和竞争，缓和国际紧张关系，促进全球团结。例如，通过体育外交，一些国家能够在体育赛事中展现自己的软实力，提升在国际社会中的地位和影响力。体育赛事也为国家领导人提供了相互会晤和交流的机会，有助于在非正式环境中解决政治问题，达成外交共识。体育文化还能跨越文化和政治障碍，促进不同民族和国家之间的相互理解与尊重，在一些情况下，体育赛事甚至成为缓和冲突、重启对话的重要工具。

（二）经济发展的新动力

体育产业在现代社会不仅体现为一种文化形态，更是具有显著经济价值的商品形式。在当前经济新常态下，中国正经历从高速增长向中高速增长的转变，同时伴随着产业结构的优化升级，其中第三产业尤其是教育、金融和休闲娱乐等服务业正在快速发展并成为经济增长的主要推动力。在国家不断深化改革开放的背景下，产业结构的调整和升级变得尤为重要，体育产业作为新兴的经济增长点正受到国家和社会的高度重视，特别是随着北京奥运会和张家口冬奥会的成功举办，体育产业的地位和作用日益凸显。尽管中国的体育产业已取得一定的发展成果，但与国家产业结构调整和转型升级的整体目标相比，仍然存在一定的差距和不足，要实现体育产业的持续、健康和快速发展，还需要更多的努力和探索，这要求在体育产业建设中既要充分认识到其经济价值，又要鼓励合理的利润追求，使之转化为实际的物质力量和生产力。

体育文化在当代中国社会中发挥着日益重要的作用，已经深入人们的日常生活，成为促进个人健康与福祉的重要因素。随着社会的发展和人们生活水平的提升，体育消费的观念也发生了显著变化，现代人不再单纯满足于基本的物质需求，而是越来越多地追求高质量的休闲娱乐生活和精神上的愉悦，其中体育活动就成为实现这一目标的重要方式。体育运动既能够带来身体的健康，也为心灵提供了充实和放松。

在推动城乡一体化的进程中，体育文化逐渐成为城市与乡村共同的文化特色和亮点。从"中国武术之乡"到"中国体操之乡"，再到"中国赛马之都"，这些标签不仅提升了地区的文化形象，也促进了旅游业和相关产业的发展，为地方经济带来了新的增长点。体育与旅游的结合为现代旅游业带来了新的发展方向，其中体育旅游既作为一种新的消费模式被人们所接受，还成为吸引游客的新动力。国际上的重大体育赛事更是成为吸引游客的重要因素，这些赛事是体育爱好者的聚集地，也为旅游者提供了独特的体验机会。自21世纪以来，随着中国经济的快速增长，体育文化得到了广泛推广和快速发展，丰富了社会文化生活，为经济发展注入了新的活力。可以说，体育文化在当代中国社会的发展中扮演着重要的角色，既是提升人民生活质量的重要部分，又是推动社会经济发展的新引擎。

（三）繁荣昌盛的标志物

体育文化在现代社会中已成为繁荣与昌盛的重要标识物，其影响力和作用不局限于体育领域，而是波及社会的各个层面。体育文化作为一种集体活动和社会现象，经常被用作展现一个国家或地区综合国力和文化水平的窗口，大型国际体育赛事如奥运会、世界杯等不仅是体育竞技的盛会，更是各国展示自己文化、科技、经济和社会发展成就的舞台。成功举办这类赛事，往往被视为国家实力和国际地位的象征，同时体现了该国民众的生活水平和文化追求。此外，体育文化的繁荣昌盛能显著提升民众的生活质量和社会幸福感，体育活动作为一种普及的文化形式，能够促进社会和谐与国民身心健康。体育活动成为人们日常生活的一部分，既提供了健身的途径，也成为人们社交、放松和娱乐的重要方式。体育文化的普及和提升，推动了社会文化的多样性和包容性，使得体育成为连接不同文化、不同社会阶层人群的桥梁，增强了国民之间的相互理解和尊重。

（四）地区旅游业发展的推力

体育文化在促进地区旅游业发展方面发挥着重要的推力作用。

第一，体育赛事和活动本身就是吸引游客的重要因素，大型体育赛事，如奥运会、世界杯、国际马拉松等，具有极强的国际吸引力，能够吸引来自世界各地的游客和体育迷，这些赛事展示了体育竞技的魅力，也带动了当地旅游业的发展，通过增加旅游收入，提高了当地的经济效益。此外，这些体育赛事还带来了相关的文化交流和经济活动，如文化节庆活动、主题旅游产品的开发等，增强了体育文化对地区旅游业的推动作用。

第二，体育文化作为一种生活方式的推广，也为旅游业的发展提供了新的动力。随着健康意识的提升和生活方式的多样化，越来越多的人开始参与各种体育活动，这种趋势催生了休闲体育旅游的发展，如徒步旅行、山地骑行、水上运动等，这些活动让游客体验到体育运动的乐趣，也使他们能够亲近自然，体验不同的文化和生活方式。这样的旅游体验对于提高旅游目的地的吸引力重要，特别是在自然环境优越的地区，体育旅游成为推动地区旅游业发展的重要力量。

第三，体育文化与地区特色的结合也为旅游业带来了新的发展机遇。许多地区通过结合自身的文化特色和体育活动，创造了独特的体育旅游产品。例如，中国的武术文化、少数民族的传统体育活动等，这些独特的体育文化活动成为吸引游客的亮点。通过这种方式，体育文化既丰富了旅游产品的多样性，也促进了当地文化的传承和发展，为地区旅游业的长期发展奠定了基础。

（五）国民生活的滋润剂

在现代社会，随着科技的发展和经济的增长，人们的生活水平显著提高。与此同时，对于精神层面的追求逐渐增强。体育文化，作为文化的重要组成部分，提供了一种增强体质和健康的方式，为现代人提供了有效的情感释放渠道。体育文化的精神价值在于其独特的情感体验和心灵的满足，在参与体育活动中，人们既可以体验到挑战自我的快感，还可以在自然中找到精神的寄托，达到身心的和谐。

体育文化作为社会文化的一个重要方面，在现代快节奏、高强度的生活背景下，成为人们释放压力和寻找精神寄托的重要方式。体育文化的古老性质体现在其深厚的历史根基和广泛的文化内涵上，它自古以来一直伴随着人类文明的发展。而它的年轻性质体现在其不断创新和发展的活力中，体育文化在不断演变中焕发出新的活力和光彩。体育文化跨越了国界，其所弘扬的公平竞争、团结合作、相互尊重的精神在全球范围内得到认同，这种文化不仅在各国的政治、经济、文化发展中发挥着重要作用，也成为衡量人类精神文明发展水平的重要标志。先进的体育文化是社会发展的动力，也是人们对美好生活追求的体现，这是其他文化形态所无法替代的。

三、旅游业与体育文化融合发展的对策

（一）开发体育旅游产品

1. 体育旅游产品的构成要素

（1）体育旅游吸引物

包括可以开发利用的物质实体、自然景观、社会文化现象以及重大事件等，这些因素构成了体育旅游的主要内容。体育旅游资源和景区是这些吸引物的具体体现形式。游客选择体育旅游产品的主要目的通常是体验这些吸引物，它们直接影响着旅游者的消费决策和行为。

（2）体育旅游设施

体育旅游设施则是支持体育旅游活动顺利进行的物质条件，可以分为体育旅游基础设施和体育旅游服务设施两类。基础设施包括交通、水电、通信、卫生和城市环境等公共设施，它们是体育旅游者空间位移的基础，保证旅游者顺利完成旅游活动。服务设施则包括住宿、餐饮、娱乐等设施，这些设施直接服务于旅游者，影响着他们对旅游产品的选择和体验质量。

（3）体育旅游服务

体育旅游服务主要包括直接提供给游客的各种服务以及对体育旅游企业所提供的支持服务，这些服务涵盖了从有形的物理产品到无形的社会现象等

多个方面。体育旅游服务除涉及直接面向游客的服务活动，如向游客提供的接待、指导、娱乐等外，还包括为体育旅游企业提供支持的服务，如物资供应、技术支持等。这些服务共同作用，确保游客在体育旅游过程中获得满意的体验，同时支撑体育旅游企业有效运营。

（4）体育旅游可进入性

体育旅游可进入性是衡量体育旅游产品吸引力的重要指标，指的是游客在其居住地与旅游目的地之间，以及在不同旅游目的地之间的移动便利性。可进入性的高低直接影响着旅游体验的质量和成本，从而影响体育旅游产品的整体竞争力。可进入性的评估涉及三方面：一是目的地的交通网络是否发达、便利；二是通信条件是否现代化、高效；三是出入境手续、验关流程、服务效率以及信息咨询的便捷性。高度的可进入性能降低旅游成本，提升旅游效率，还能增强目的地的吸引力，提高体育旅游产品的市场竞争力。

2. 体育旅游产品的开发策略

（1）差异化开发

为了突出体育旅游产品的独特性，必须进行差异化开发，这意味着开发团队需要深入研究目标市场，识别和利用地方体育文化的独特元素，例如，利用当地特有的体育项目或传统体育活动作为旅游吸引物。差异化还应包括设计独特的旅游路线，结合体育活动和当地风土人情，如结合健行、山地骑行等与当地特色食品体验、民俗活动。这种融合不仅丰富了旅游体验，还增加了产品的吸引力。

（2）创新体育旅游产品

创新是提升体育旅游产品竞争力的关键，开发团队可以通过技术和服务创新来提高体育旅游产品的吸引力。例如，使用虚拟现实技术来模拟体育活动，为游客提供独特的体验，如虚拟攀岩、滑雪等。服务创新也非常重要。可以提供定制化的体育旅游服务，如针对不同水平的参与者提供不同难度的体育活动，或者根据客户的兴趣和偏好提供个性化的行程规划。

（二）放松产业管制，完善治理机制

1. 优化产业政策环境

（1）政策支持和激励机制

政府可以实施税收减免、提供启动资金或低息贷款等措施，降低企业进入市场的门槛和运营成本。针对特定的体育旅游项目或创新型体育活动，政府可以提供专项补贴或资金支持，以激发企业的创新能力和市场活力，吸引更多的私人投资者和企业家，促进地方就业，推动相关产业链的发展。

（2）简化审批程序

为了加快体育旅游业的发展，政府应简化相关项目审批程序，减少不必要的行政干预。这种简化流程包括但不限于提供一站式服务，减少审批环节，加快审批速度，以及为企业提供明确指导。这样的措施能够使企业能够迅速地适应市场变化，有效应对竞争。对于体育旅游项目的规划和建设，应采纳开放和高效的管理方法，鼓励创新。

2. 完善法律法规

（1）制定专门的体育旅游法规

制定针对体育旅游的专门法规是确保产业健康发展的关键措施。这些法规应全面覆盖旅游活动的各个方面，包括确保活动的安全性、环境保护措施的规定，以及消费者权益的保护。具体来说，法规应明确规定体育旅游活动中的安全标准和程序，确保参与者的安全不受威胁。考虑到体育旅游活动可能对环境产生的影响，法规应包含环保条款，以促进可持续发展。法规应确保消费者在参与体育旅游时的权益不受侵犯，包括确保服务质量和价格透明度。

（2）知识产权保护

在体育旅游领域，许多新颖的产品和服务都是基于独特的创意和技术研发而成，这些创新成果的知识产权应受到法律的严格保护。通过确立明确的知识产权保护机制，可以激励企业和个体投入更多资源于新产品和服务的开发，从而推动整个产业的技术进步和市场多样化。此外，有效的知识产权保护能防止盗版和抄袭行为，保证创新者的利益不受侵害，从而创造一个公平竞争的市场环境。这样，创新者可以从其智力劳动中获得应有的回报，持续投入创新活动，为体育旅游业带来更多创新动力和活力。

3. 建立有效的监管体系

（1）强化行业自律

通过加强行业组织的建设，可以有效地促进企业间的沟通与协作，形成共同的行业规范和标准。行业自律的实施有助于确保服务质量的统一和提升，避免不良竞争行为，如价格战、虚假宣传等，从而促进公平竞争环境的形成。此外，行业自律机制可以提高行业内企业的责任感和诚信度，引导企业遵守法律法规，尊重消费者权益，同时有助于企业自我发展和自我完善。一个有效的行业自律机制能够提高企业间的协作效率，还能提升整个行业的公众形象和信誉度。在体育旅游行业中，强化行业自律尤为重要，因为这个行业涉及广泛的消费者群体和多元化的服务内容，因此需要高标准的服务质量和严格的行业规范。

（2）监管和评估体系

这个体系应该包括定期的市场评估、监督机制以及明确的服务质量和安全标准。通过对市场进行持续的监测和评估，可以确保体育旅游产品和服务始终保持在高标准上，也能够及时发现潜在的问题和风险，并采取相应措施来解决它们。监管和评估体系应涵盖客户满意度调查和反馈机制，以确保体育旅游活动既安全可靠，又能够满足消费者的需求和期望。

（三）完善中介服务

中介服务在连接旅游企业与体育活动、促进资源共享、提高服务效率方面发挥着不可替代的作用。一方面，中介服务可提供市场信息和咨询，帮助旅游企业更好地理解体育市场的动态和需求，从而设计出符合市场趋势的体育旅游产品。另一方面，中介服务能协助企业在营销、策划、资源整合等方面提供专业建议和支持，这对于促进旅游与体育产业的有效融合至关重要。

中介服务还可以作为平台，促进体育活动与旅游资源的有效对接。例如，中介机构可以协助体育赛事与旅游景点的联合推广，或者将体育训练营、体育赛事等与特定旅游目的地相结合，创造出独特的体育旅游体验。中介服务可以帮助旅游企业在法律、财务、保险等方面提供专业咨询，降低运营风险。

第五节　旅游业与影视文化的融合发展

一、影视文化的界定

电影，作为一种独特的艺术形式和技术实践，是在科学技术发展的特定阶段孕育而生的。它基于视觉暂留原理，利用摄影（包括录音）技术，将现实世界中的景象（及声音）捕捉并记录在胶片上。通过放映（和音频回放）技术，在银幕上重现这些影像（和声音），创造出一种动态的视听体验。电影不仅仅是单纯的技术产品，它也是表达和传达特定内容和情感的媒介。电影的形成和发展是科学技术进步的直接结果，它的历史沿革反映了技术创新的轨迹。从视觉暂留现象的发现到摄影术的诞生，从胶卷的发明到活动电影视镜的出现，以及彩色电影和有声电影的创制，每一步都标志着电影艺术和技术的重大进步。这些技术革新既推动了电影形式的演变，也极大丰富了其表现能力，使电影成为现代文化中不可或缺的一部分。电影艺术的本质在于它通过动态的视听语言，复现和再现了现实生活中的故事和情感，为观众提供了一种全新的体验方式。

电视，作为一种现代传播媒介，使用电子技术手段传递图像和声音，通过电视摄像机和话筒捕捉景物的图像和伴音，然后经由编辑组合制作成电视节目。这些节目的视频信号通过电子扫描方式进行光电分解，由摄像管将节目的图像、声音和色彩转变为脉冲信号，再通过电缆和天线发送。接收端的电视荧屏再将这些电脉冲信号转换回图像、声音和色彩，重新呈现为完整的电视节目。电视以其实时性和广泛的覆盖范围，成为现代社会中不可或缺的信息传播和娱乐工具。

关于"影视"的界定，结合上述内容，笔者认为其覆盖了电影和电视的整个生产与传播过程。虽然电影和电视在技术特征、艺术特征和传播特征上有所不同，但它们共同的特征在于能够提供"有声有画的活动影像"，这种相近性和共性是将电影和电视归纳为影视的基础。电影通常被视为一种艺术形式，注重于故事的叙述和视觉美学的展现，而电视更多被视为信息传播和即时娱乐的工具。但无论是电影还是电视，它们都承载着传递情感、故事和信息的功能，能够通过影像和声音的结合，为观众提供丰富的视听体验。

二、影视文化的内涵

影视艺术作为一种独特的审美文化现象，深刻反映了人类生活与理想生命状态的密切联系。它是社会文化因素的产物，同时在塑造和推动社会的审美价值观。影视艺术的审美文化分析旨在探索影视作品如何表达和体现人类对生活的理解、对美的追求和对理想状态的向往。审美文化是人类审美活动的综合体现，包括审美物化产品（如艺术品、工艺品）、审美观念体系（包括审美意识、审美理想、审美价值标准等），以及审美行为方式（主要指审美创造和欣赏）。在影视艺术领域，这些元素具体表现为影视艺术家的创作观念、影视作品本身，以及观众对影视作品的接受和理解。

影视艺术的审美分析应从物化产品、制度文化和精神文化的角度进行。物化产品即指影视作品本身，它们是艺术家创意和技术的结晶，同时是社会文化和审美价值的载体。制度文化和精神文化则涉及影视艺术的创作背景、社会主题、价值观念以及艺术家的个人风格和观念。影视作品通过这些层面的相互作用，展现了社会的多元性和复杂性，在此过程中反映出人类对真理、善良和美好的永恒追求。影视艺术的审美文化分析着重于探讨影视作品如何呈现和诠释社会主题和价值观念，包括影视作品如何呈现社会现实、如何反映人类情感和心理，以及如何探索人生的深层意义。优秀的影视作品往往不是简单地提供答案，而是引发观众深思，激发对真、善、美的深刻思考。

优秀的作品在广阔的背景上探讨个人和社会的问题，使我们更好地理解自己和他人，激励我们"去改变我们的生活"，迫使我们审视自己并对自己作出判断。所以，影视艺术的审美文化分析是一种深刻探索，旨在了解影视作品如何在广阔的社会文化背景下揭示个人与社会的关系。这种探索不仅帮助我们深入地认识自己和他人，还鼓励我们反思和改善我们的生活，同时促使我们对自身进行深刻的自省和评价。

影视艺术的审美文化分析是在一个广阔的文化系统中进行的，这个系统包括三个主要层面：首先是社会文化系统，它为具体的文化研究提供了大背景和普遍规律，在这个系统中，政治、经济组织制度、思想意识形态、民族特性和传统都发挥着重要作用，构成了社会的经济基础和上层建筑。其次是审美文化系统，影视艺术作为社会审美文化的一个子系统，其分析也受到审美文化系统的直接影响。最后是影视文化研究本身，它不仅是社会文化系统和审美文化系统的一部分，而且具有其特定的研究方法和路径。影视文化研究的成果反过来也会对整个社会文化系统及审美系统产生影响。

三、影响文化的三个系统

（一）大众传播系统

自电影和电视问世以来，这两种媒体凭借其广泛的覆盖力和技术优势，对传统的印刷媒体产生了显著的影响。与传统印刷媒体相比，电影和电视作为现代科技的产物，在大众传播体系中占据了显著地位。印刷媒体的传播方式和接收方式往往注重个人化和个性化特征，而电影与电视以其独特的科技优势在大众传播领域迅速崭露头角。随着传播技术的演进，从印刷媒体到电子传媒的转变，使得大众传播系统内部的各种媒介形式在相互竞争和互补中不断发展和演变。大众传播系统图如图3-4所示。

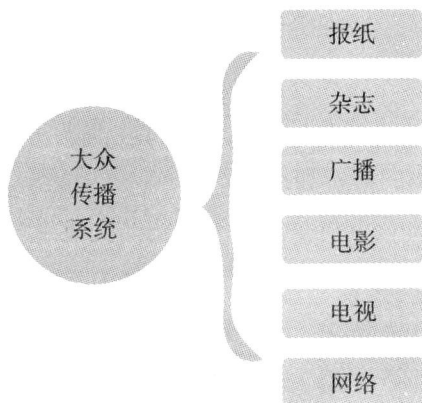

图 3-4　大众传播系统

（二）艺术系统

人类的艺术创造历史悠久，形式多样，主要分为三大类：文字艺术、非文字艺术和综合艺术形态，如图 3-5 所示。

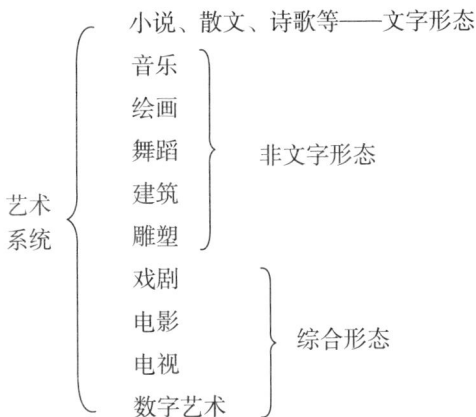

图 3-5　艺术系统

这些艺术形式在人类文化的演进中扮演着重要角色，经历了几千年的发展，成为人类文明的重要组成部分。电影和电视作为现代艺术形式，在艺术界相对较年轻，但它们通过融合传统艺术形式的诸多元素，创造出独特的艺术风格。它们不仅结合了文字和非文字的表达方式，还融合了时间和空间的概念，将视觉和听觉元素有机地结合起来，形成了新的、综合的艺术形态。借助于其广泛的传播能力，电影和电视不仅创造了20世纪的新艺术成就，还深刻地影响了人类社会的各个方面。这些艺术形式的发展和变革，不断地丰富和更新着人类的文化遗产。

（三）娱乐休闲系统

娱乐休闲活动在不同的文化和历史时期呈现出多样化的休闲方式。从当代流行的休闲娱乐方式来看，电影和电视的特点和地位显得突出。娱乐休闲系统如图3-6所示。

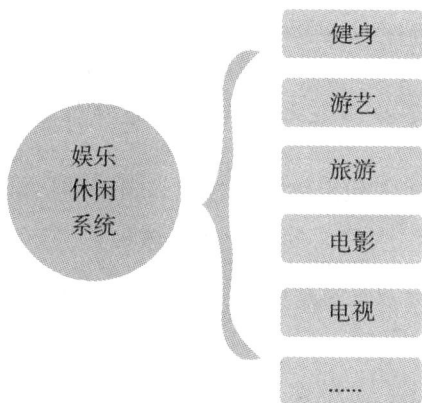

图3-6 娱乐休闲系统

健身，如滑冰、攀岩、健身器材训练、各类球类运动，提供了身体锻炼的机会。游艺，包括玩棋牌、跳舞、唱卡拉OK以及绘画书法等，给人们带来心灵上的愉悦。旅游，让人们在新的环境中放松和探索。电影和电视，已成为人们常见且便捷的娱乐休闲方式。无论是在投资规模还是消费者获取信息的便利性方面，电影和电视都占据重要地位。这两种媒介不仅提供大量信息，还以其丰富的想象力和艺术魅力吸引观众，使人们在休闲娱乐的同时，能享受到艺术的美感和信息的启迪。

四、影视文化与旅游业发展的关系

（一）影视业和旅游业都是文化产业的重要组成部分

文化产业可以分为三个主要类别：一是那些在生产和销售阶段都具有独立性的行业，如报纸、影视和音像制品业。二是属于提供文化服务的行业，这些行业通常涉及劳务服务，如体育、娱乐、活动策划以及经纪业务。三是那些为其他商品和行业增加文化价值的领域，如室内装潢、装饰设计、形象设计以及文化旅游等。电影和电视的制作、传播和服务活动均属于文化产业的范畴，这表明，影视业和旅游业都是文化产业的重要组成部分，它们在本质上具有相似性和互补性，从而形成了天然的合作潜力。

（二）影视传播是旅游业跨越式发展的助推器

影视传播的核心在于利用视听媒介的吸引力和广泛影响，将旅游目的地的独特魅力和文化特色生动展现给公众。这种传播方式具有极高的感染力，而且覆盖范围广泛，能迅速提升目的地的知名度和吸引力。

首先，影视作品通过其故事情节和视觉效果，能够将观众带入新的世界。例如，一部以某个旅游胜地为背景的电影或电视剧，可以展示该地区的自然风光、历史建筑、地方文化等，使观众在观看过程中产生强烈的代入感和好奇心。这种情境化的展示方式远比传统的广告和宣传册更具吸引力，它通过情节的发展让观众对所展示的旅游地产生情感上的联系，从而激发旅游的愿望。

其次，影视作品的传播效应可以持续相对较长的时间。一部受欢迎的电影或电视剧可能会在不同的平台上重复播放，它的影响不局限于首映时期，而是可以持续数年甚至数十年。这种长期地、持续地曝光为旅游目的地提供了持续的关注度和讨论度。随着社交媒体的兴起，影视作品中的旅游地点往往成为网民讨论和分享的热点，扩大了其影响力。

再次，影视传播能够带动与旅游相关的其他产业的发展。电影和电视剧中出现的旅游地点往往会成为旅游商品的灵感来源，如纪念品、特色美食等。这些与影视作品相关的产品和服务，增加了旅游地的经济收入，丰富了游客的体验。影视作品还可以促进当地文化的传播和保存。通过影视作品展示的地方风情、历史故事、民间艺术等，不仅能够吸引游客，还能促进当地文化的保护和传承。

最后，影视传播提供了一种创新的旅游营销方式。在竞争激烈的旅游市场中，创新的营销策略重要。利用影视作品进行旅游推广，能够有效地区分市场，吸引特定的观众群体，例如，针对年轻人可以制作或选用动感、时尚的电影或电视剧作为推广载体，而对于寻求文化体验的游客，可以选择展示丰富文化遗产的纪录片。这种针对性的市场分割策略，能够有效地吸引目标游客。

（三）影视旅游是文化与旅游产业融合发展的重要途径

影视旅游作为文化与旅游产业融合的重要表现形式，日益成为推动两者共同发展的关键途径。这种旅游形式以影视作品为媒介，将观众的视觉体验转化为现实中的旅游行为，实现了文化消费与旅游体验的有机结合。

影视旅游作为一种新兴的旅游形式，它的核心在于利用电影、电视剧中的场景、故事情节及背后的文化内涵来吸引观众，这种旅游形式不只是对电影、电视剧拍摄地的简单参观，更是对影视作品中文化背景的深入体验和探索。例如，一部描绘古代历史的电视剧不仅能展示那个时代的建筑风格，还能让游客深入地了解当时的生活方式、服饰习俗等文化元素。通过这种方式，游客不仅能满足观光的需求，还能深入地体验和学习当地的文化。

影视旅游的发展促进了旅游目的地的综合利用和文化资源的保护。当一个地区成为热门电影或电视剧的拍摄地之后，它的文化资源和自然风光会受到更多人的关注。这既提升了该地区的知名度和吸引力，还促进了当地经济的发展。为了迎接越来越多的游客，当地政府和企业会投入更多资源来保护和开发文化遗产，有利于促进当地文化资源的保护和可持续利用。

影视旅游还促进了旅游产品的多样化和创新。随着个性化、多样化旅游需求的增加，传统的旅游产品已无法满足所有游客的需求。影视旅游的出现，为旅游业提供了新的增长点，旅游业者可以根据不同的影视作品开发出多样的旅游产品，如主题旅游、探险旅游、文化体验旅游等，这些产品能吸引电影、电视剧的粉丝，还能吸引对特定文化感兴趣的游客。

影视旅游的发展也促进了地方政府和企业在旅游策划、市场营销方面的创新。为了吸引更多的游客，地方政府和企业需要开发更具吸引力的旅游产品和服务，同时需要在营销策略上更加创新，例如，可以通过与影视制作公司合作，举办电影节、影视展览等活动，或者开发与影视作品相关的纪念品、主题餐厅等，这些都是有效吸引游客的方法。通过这些创新的策略，可以提升旅游体验，还有利于促进当地文化产业的发展。

五、旅游业与影视文化融合发展的对策

（一）创新影视主题公园产品的设计

1. 重视影视主题公园的独特性设计

设计团队需要深入挖掘特定影视作品的文化内涵和艺术特色，将这些元素融入公园的整体布局和各个环节。例如，公园内的建筑风格、装饰艺术、雕塑等都应与影视作品的风格相匹配，以营造浓厚的影视氛围。还可通过设置与影视作品相关的互动体验区、表演秀和主题餐饮等，增强游客的参与感和体验感。重庆市区近郊的大足石刻影视文化创意产业基地、茶园新区创意产业园就是很好的例子。

2. 创新性的技术应用

利用先进的虚拟现实（VR）、增强现实（AR）技术，可以让游客沉浸在影视作品的场景中，体验影视角色的生活和冒险。例如，结合 VR 技术的4D 影院、模拟互动游戏等，既能让游客身临其境地体验影视剧情，还能激发游客对影视作品的新理解和感悟。

3. 影视主题公园应与时俱进，定期更新和升级产品内容

影视主题公园的成功运营离不开对市场的敏感反应和不断创新。随着新

的影视作品不断问世，公园需及时更新内容，以吸引更多游客。例如，如果某部影视作品或系列成为全球热门，公园可以迅速推出以该作品为主题的新游乐项目或表演，如设立主题区域、推出角色扮演活动、增设相关互动体验等。例如，迪士尼乐园在《阿凡达》大热后，推出了"潘多拉世界"，该区域完美复刻了电影中的异想世界。游客可以参与飞行模拟器体验、探索潘多拉森林等活动，实现了影视作品与主题公园的完美融合。

此外，加强与影视制作公司的合作是提升主题公园吸引力的关键。例如，环球影城与不同电影工作室的合作，推出了《哈利·波特》《侏罗纪世界》等系列主题区域，一方面吸引了大量电影迷，另一方面成了主题公园的标志性内容。

（二）优化影视节庆旅游产品的设计

影视节庆活动，聚焦于影视产业的奖项评选、作品展示和行业交流等环节，具有极大的吸引力和商业价值。这些活动通过影视作品的展现和明星的参与，能够在较短的时间内吸引众多观众和游客，激发地方旅游业的发展。全球知名的影视节庆包括戛纳、柏林、威尼斯等国际电影节，以及纽约、多伦多、伦敦等电影节。国内方面，则有金鸡百花电影节、上海国际电影节、中国电影华表奖等重要活动。这些节庆展示了电影艺术的魅力，为观众带来丰富的文化体验，它们在影视产业中的地位不容小觑，每一次活动都成为媒体关注的焦点，有效地提高了举办地的知名度和吸引力。具体来说，应做到以下三点。

1. 打造节庆旅游产业链

影视节庆旅游产业链的打造是一个复杂且全面的过程，涉及多方面的协同发展：①需要明确节庆活动的主题和目标市场，确保旅游产品与影视节庆的内容紧密相连，创造独特的旅游体验，例如，以某部电影或电影类型为主题的旅游活动，可以结合电影拍摄地的参观、主题活动等，吸引电影爱好者和专业人士。②构建多元化的产品体系，这不仅包括基础的观影体验，还应涵盖主题酒店住宿、特色餐饮、电影主题商店、互动体验区等，形成一条完整的产业链，例如，旅游者可以在主题酒店中体验电影中的场景，或在特色餐厅中尝试电影中出现的美食。③整合本地资源，与当地文化、历史景点结合，打造特色明显、差异化的旅游产品，例如，结合当地传统文化，举办与电影主题相关的文化展览、艺术表演等，提升旅游者的文化体验。④重视与当地社区的合作，推动当地经济的共同发展。可以通过带动当地手工艺品销售、提供当地特色美食等方式，让当地居民直接受益，促进旅游业与当地经济的良性互动。⑤有效的营销策略，包括利用社交媒体、网络广告、与知名旅游平台合作等方式，提高旅游产品的知名度和吸引力，通过精准营销，针对不同的目标客群，设计适宜的推广策略，提升旅游产品的市场竞争力。

2. 开发大众性、参与性和娱乐性的旅游活动

大众性意味着活动应面向广泛的受众群体，包括不同年龄段、不同兴趣爱好的游客。为了达到这一目标，活动内容应具有普遍吸引力，如与热门电影、电视剧相关的主题活动。考虑到家庭旅游的需求，应设计适合全家人参与的互动体验，如家庭友好型的影视主题游乐设施、亲子互动的剧情体验等。

参与性是指旅游活动不只是被动观看，而应鼓励游客主动参与。例如，设置模拟电影拍摄的互动环节，让游客体验从编剧、导演到演员的不同角色，甚至可以录制简短的影片作为纪念。还可以举办角色扮演、模拟剧情游戏等，让游客沉浸在电影或电视剧的世界中，增强体验的参与感和互动性。

娱乐性则是确保旅游活动趣味性和休闲性。活动设计应融入趣味元素，如影视知识竞猜、现场互动游戏、才艺表演等，提供轻松愉悦的氛围。可以结合影视节庆的特色，举办主题晚会、影星见面会等，增加活动的娱乐性和吸引力。

3. 重视开发旅游商品，打造特色购物游

这一策略的核心在于将影视文化与旅游商品结合，创造独特的购物体验。应开发一系列以影视作品为主题的纪念品、手工艺品和文创商品，如以电影角色为原型的玩偶、影视剧照的高质量打印品、定制 T 恤或配饰等，这

些商品能作为游客的纪念品，也能成为文化传播的载体。组织专门的购物活动，如主题市集、限时折扣店等，可以增强游客的购物兴趣和参与度。此外，结合线上平台，如开设官方电商店铺，为无法亲临现场的影视迷提供购物服务，扩大销售渠道。要重视商品的文化内涵和质量，确保商品既具有观赏价值又能体现影视作品的精髓，提升游客的购物体验和满意度。

（三）加强影视博物馆的建设

影视博物馆的建设是对影视文化的保存与展示，更是将影视文化与旅游业结合的有效途径。影视博物馆作为文化遗产的载体，可以保存影视行业的重要物件和资料，如经典影片的剧本、服装、道具、拍摄设备等，让公众直观地了解影视制作的历史和过程。通过举办各种主题展览、影视作品回顾展、名人讲座等活动，博物馆能够吸引更多的游客和电影爱好者，提升游客的文化体验。

影视博物馆的建设应注重创新和互动体验。利用现代科技，如增强现实（AR）、虚拟现实（VR）等技术，可以让游客在参观过程中获得生动、互动的体验。例如，通过VR设备，游客能"走进"经典影片的场景，体验电影的拍摄过程，甚至与电影角色进行互动。影视博物馆可以与当地旅游资源相结合，开发以影视主题为核心的旅游产品和路线，如影视拍摄地游览、影视文化体验工作坊等，能极大地丰富旅游产品的多样性，吸引更多游客。

（四）加强影视旅游开发保障体系建设

1.发挥政府的主导作用

（1）资金支持

加强影视旅游开发保障体系的建设中，政府的主导作用尤为重要，特别是在资金支持方面。政府应通过提供资金支持，如专项基金、贷款优惠、税收减免等方式，鼓励和引导私营企业以及文化旅游机构参与影视旅游项目的开发。这些资金支持可以用于基础设施建设，如影视旅游景区的道路、公共设施和信息系统建设，以及影视作品的展示设施和体验项目开发。资金支持还可以用于人才培养、市场推广和产品研发，帮助影视旅游项目提升竞争力，吸引更多的游客。

（2）市场调控

第一，协助产业集群的形成。通过制定和实施有利政策，政府可以引导投资和资源向影视旅游领域集中。例如，政府可以提供税收减免、资金扶持或其他激励措施，鼓励私人企业和投资者参与影视旅游项目。此外，政府能促进地方企业、影视制作公司和旅游机构之间的合作，形成紧密的协作网络，这种集群效应可以提升地区的影视旅游吸引力，提高产业整体的竞争力。

第二，整合现有资源，加强横向协作。通过整合地区内的旅游资源、文化资产和影视制作资源，政府可以打造丰富、多样化的影视旅游体验。这种整合既包括物理资源，如影视拍摄地点、旅游景点、文化遗址等，又涵盖人才、资金和技术资源。政府可以促进不同部门和机构之间的信息交流和协调合作，形成统一的发展战略和实施计划。政府还可以搭建平台，促进私营企业、影视制作公司和旅游服务提供商之间的合作，共同开发新的产品和服务。

第三，协助成立行业协会等民间组织。这些组织可以作为政府与企业、消费者之间的桥梁，有效促进行业内的交流与合作。行业协会可以为影视旅游企业提供一个平台，让它们分享经验、讨论行业趋势，并在面临挑战时共同寻找解决方案。这样的平台对于资源共享、经验传递和行业自我完善具有重要价值。行业协会可以与政府合作，参与制定行业标准、政策建议和监管机制。这种参与不仅可以确保政策贴合行业实际，还能提高政策的实施效率和接受度。通过行业协会，企业可以直接向政府反映自身的需求和挑战，使政府的支持和调控更加精准有效。行业协会还可以承担消费者教育和行业宣传的角色，提高公众对影视旅游产品的认知度和兴趣，促进市场的发展。

（3）法律法规支持

加强影视旅游开发保障体系的关键之一是法律法规的支持，这是政府在推动行业发展中的核心职能。第一，建立健全的法律法规体系对于影视旅游业至关重要，这些法律法规需要全面覆盖影视旅游业的各个方面，如资金投入、土地使用、环境保护、知识产权保护、消费者权益保护等。通过制定专门的政策和法规，政府可以为影视旅游业的健康稳定发展提供坚实的法律基础，确保产业的有序发展和市场的公平竞争。第二，政府需要不断完善这些法律法规，以适应行业发展的新需求和挑战，包括对现行法律法规的定期评估和修订，以及对新兴问题的法律规制，例如，随着数字技术的发展，影视作品的版权保护变得尤为重要，政府需制定或完善相关的版权保护法律，确保创作者和生产者的合法权益不受侵犯。法律法规的执行和监督也是关键，政府需要通过有效的执法机制确保各项规定得到严格执行，并通过公正的司法程序处理违法行为，保障产业的健康发展环境。

2. 社会各界积极参与，构建影视旅游产业链

影视旅游业的蓬勃发展需重视多部门间的协同合作，特别是影视、文化、旅游和经济领域的深度融合。这种跨界合作一方面有利于文化传播，另一方面也是推动经济增长的有效途径。第一，影视产业的强化是此产业链的核心。建立一个全面的影视产业基地，不单是为电影提供拍摄场地，更是一个综合性平台，汇聚影视策划、制作、发行等多方面的功能，为电影创作提供全方位的支持。影视文化的交流活动还有利于文化推广，通过各种文化交流活动，如电影节、讲座、展览等，影视文化的内涵和价值得以深入人心，同时为当地文化赋予新的活力。第二，融合影视文化与旅游产品至关重要。开发与电影剧情相关联的旅游路线和体验项目，如探索电影拍摄地点、重现电影场景等，能极大地提升游客的体验度。经济部门的积极参与也是不可或缺的，影视作品的拍摄地、道具、饮食文化等都可转化为旅游产品，吸引游客参与。影视产业的各个环节，包括拍摄、制作、销售等，都需要各经济部门的协作和支持，以实现经济利益的最大化。

在构建影视旅游产业链的过程中，需要综合考虑多个关键因素，以确保产业链的有效性和可持续性。

一是产业链的建设远不只是简单的要素堆砌或盲目扩张，它的关键在于实现市场化运作的和谐、顺畅和高效。这意味着各部门需要在降低成本和提高效

率方面进行紧密合作。产业链的核心价值在于摆脱对规模化扩张的依赖，通过整合资源、合作共享来提高现有资产的盈利能力，而非单纯追求规模扩大。

二是影视产业链的构建中应特别关注市场环节，尤其是电影院线的建设。拥有对发行部门的控制权是影视产品传播的物质基础，也为影视旅游的推广奠定了群众基础。因此，除了注重影视产品的制作创新外，还应高度重视发行环节的优化，包括电视台、电影院线以及影视衍生产品的销售。影视基地应建立稳定的发行销售渠道，打造和谐的影视文化环境，吸引投资者和制作人的关注。

三是正确处理影视和旅游之间的关系至关重要。影视作品的人气可以有效带动旅游的人气，为旅游者提供满意的体验。然而，在实际开发中，常见的问题是本末倒置，即过于注重影视城的建设，而忽视了影视作品本身的内涵和质量。真正的旅游体验源自影视作品的深度和质量，而非人造的古代建筑，所以，应当将重点放在打造高质量的影视作品上，利用这些作品的深度和魅力来吸引和满足旅游者的需求。

3. 夯实影视产业基础

（1）加大影视产业基地建设力度

影视产业基地是影视作品制作的核心区域，也是文化创意和技术创新的聚集地。重视影视基地的建设对于提升整个影视产业的实力具有重要意义。政府及相关部门应投入必要的资金和资源，用于基础设施的建设和升级，包括优质拍摄场地、先进的制作设备和技术、舒适的工作环境等，以满足从拍摄到后期制作的各项需求。还可以引入高端技术设施，如高清摄影机、特效制作软件等，以保持行业的技术领先地位。应着力培养专业人才，包括导演、编剧、摄影师、特效师等，可以通过与高校和研究机构的合作，建立人才培训和交流机制，为产业基地提供源源不断的创新力量和技术支撑。另外，影视产业基地应成为影视文化的展示和交流平台，通过组织影视节、研讨会、展览等活动，促进产业内外的交流合作，提升影视作品的市场影响力。应着力于基地内的文化创意产业的发展，将影视基地打造成为文化旅游的新亮点，吸引更多的游客和影视爱好者。

（2）注重影视剧的创作

影视作品的质量直接影响着观众的接受度和影视旅游的吸引力。因此，重视剧本创作和内容制作，创造具有深度和广泛吸引力的作品，对于推动影视旅游的发展重要。①应鼓励原创性和创新性。通过支持原创剧本、独立制片，及与文学、历史、民俗等多种文化元素的结合，创作出丰富多样且具有文化深度的影视作品。②需关注社会现实题材，反映时代精神和社会变迁，与观众产生共鸣。③提升剧作和制作水平，注重故事情节的连贯性、角色塑造的深度和情感表达的真挚性。④使用高质量的拍摄技术、视觉效果和声音设计，提升影视作品的整体艺术水准。⑤建立有效的评估和反馈机制，通过市场研究、观众反馈等方式持续优化内容制作。这样的做法不仅提升了影视作品本身的艺术价值，还为影视旅游的发展奠定了坚实基础，为旅游业带来新的增长点和文化体验。

4. 建立市场运作机制

（1）利用影视旅游地生命周期优化发展策略

影视旅游地的发展轨迹可以借鉴巴特勒旅游地生命周期理论，经历从初期探索到成熟甚至可能的衰退的过程。这一周期分为四个阶段：引入期、成长期、成熟期和衰退期。

引入期，影视作品筹备和初期拍摄阶段，重点应放在早期的介入和周密策划。关键是主动发掘和利用新趋势，预判流行文化的走向，选择能够引起公众共鸣的文学作品转化为影视作品，以此带动影视旅游的兴起。对旅游目的地来说，这意味着要敏锐捕捉与本地特色相契合的影视项目，并努力将本地作为拍摄背景。影视制作团队和旅游地可以通过共同的利益点实现合作，如通过影视作品的宣传来弥补拍摄成本，同时提升旅游地的知名度。在这个阶段，与影视剧制作方的合作至关重要，通过提供优惠政策和条件，吸引制作团队来拍摄，并确保主要场景能够恰当地展现在作品中。利用影视作品和明星的影响力，通过各种媒体渠道进行广泛宣传，开发相关旅游产品并推向市场，最大限度地提升目的地的曝光率和关注度。

成长期，影视剧拍摄至播放期间，标志着影视旅游地逐渐赢得公众认可，此时应专注于提高游客体验和满意度。首先，重点在于提升旅游产品和服务的质量，通过挖掘文化内涵、丰富旅游内容和改善设施，增强目的地的吸引力。其次，进行市场细分，发掘新的潜在客户群体，并为他们设计特色旅游产品，如面向明星粉丝的特殊活动。再次，强化品牌建设，提高旅游者的品牌忠诚度。最后，通过价格策略吸引价格敏感型游客，刺激旅游需求。

成熟期，影视剧热播后的流行阶段，此时游客数量达到高峰，需采取策略延长这一阶段的持续时间。首要任务是寻找新的市场增长点，采用创新的营销手段以促进销售，扩大游客规模，并不断推出新的旅游产品，以满足游客多变的需求。

衰退期，当影视作品流行度下降，观众对相关文化的热情降低，影视旅游地的游客数量开始下降。这一时期，管理者需要采取相应策略以应对挑战。应缩减运营规模，减少营销支出，以降低成本；寻求新的影视文化主题，预测和跟进时代主流文化趋势，努力吸引新的影视项目，以创造新的旅游热点。成功执行这些策略有助于将衰退期平稳过渡至新一轮的引入期，开启下一个生命周期。

（2）加强影视旅游产品的营销策划

加强影视旅游产品的营销策划，是确保影视旅游发展的关键。这要求细致策划和有效实施，以提升产品吸引力并达到经济效益的最大化。

第一，营销策划需基于市场调研，了解目标客户群的偏好与需求。这包括分析旅游市场的趋势、消费者的旅游动机、偏好以及竞争对手的营销策略。调研结果将指导营销策划的方向，确保策略与市场需求相符合。

第二，开发与影视相关的独特旅游产品。这涉及将电影或电视剧中的场景、角色、故事与旅游体验相结合，创造独特的旅游项目。例如，可以建立影视剧拍摄地的游览路线，或者举办与影视剧相关的主题活动。此外，开发与影视作品相关的纪念品、餐饮和住宿服务，也是提升旅游体验的重要方面。

第三，利用多渠道营销推广影视旅游产品。这包括线上和线下两个方面。线上可以利用社交媒体、官方网站、在线旅游平台等渠道发布信息、吸引潜在游客。线下则可通过合作伙伴、旅游展览会等方式，直接与潜在客户接触。同时，与旅行社和其他旅游服务提供商建立合作关系，通过他们的网络和资源扩大营销范围。

第四，定期评估和调整营销策略。市场环境和消费者偏好是不断变化的，因此定期评估营销活动的效果，根据反馈调整策略至关重要。这不仅包括营销策略本身的调整，还包括产品和服务的持续改进。

第五，建立有效的顾客关系管理系统。通过收集和分析顾客数据，了解他们的偏好和满意度，然后基于这些信息提供个性化服务。同时，可以通过顾客忠诚计划、定制旅游服务等方式增强客户黏性，促进重复消费。

第六，特别强调故事性营销的重要性。影视旅游产品的独特之处在于其背后的故事和文化内涵。通过讲述背后的故事，将旅游产品与观众情感紧密联系起来，能够有效提升产品吸引力。例如，可以通过纪录片、博客文章、影视剧幕后故事等形式，展现旅游地的独特魅力和文化背景。

第四章　基于信息技术的旅游业创新发展

第一节　从信息技术角度解读旅游业

一、旅游业信息化的背景

"十四五"时期，我国将全面进入大众旅游时代，旅游业发展仍处于重要战略机遇期，进入新发展阶段，旅游业面临高质量发展的新要求。实施创新驱动发展战略为旅游业赋予新动能，也对旅游业提出了创新发展的新要求，坚持创新在现代化建设全局中的核心地位，推动新一轮科技革命和产业变革深入发展，将深刻影响旅游信息获取、供应商选择、消费场景营造、便利支付以及社交分享等旅游全链条。同时，要充分运用数字化、网络化、智能化科技创新成果，升级传统旅游业态，创新产品和服务方式，推动旅游业从资源驱动向创新驱动转变。

旅游业，作为一个迅速发展的领域，正处在一个关键的转型期。尽管经历了几十年的高速增长，旅游业如今面临着环境污染、资源耗竭和发展动力不足等挑战，迫切需要从数量扩张转向质量提升，从粗放管理转向精细化运营。在这一转型过程中，信息技术的融入显得尤为关键，它可以为旅游业的现代化和集约化发展提供技术支撑，是推动旅游业走向科学、全面和可持续发展的关键因素。利用这些先进技术，旅游业可以实现环保、高效和可持续的发展模式，从而在全球旅游市场中占据有利的地位。

二、旅游业信息化的内在动力

（一）旅游体验

在数字时代，旅客的期待不局限于传统的旅游服务，而是倾向于寻求一种无缝、个性化的旅行体验。信息化技术的运用，如移动应用、虚拟现实、人工智能等，能够极大地丰富旅游活动的互动性和参与感。通过信息技术，旅游者可以在出行前获取全面的目的地信息，制定个性化行程，甚至在实地参观之前，通过虚拟现实技术提前体验景点的风貌。旅行中的实时数据更新和智能推荐，能够提供符合旅游者偏好的服务，如实时天气预报、拥挤程度提示、个性化景点推荐等。而在旅行后，旅游者通过社交媒体分享自己的体验，可以为自己留下珍贵记忆，能为其他潜在的游客提供参考。

（二）交易成本与效率

1. 降低交易成本

信息化技术的应用降低了旅游业的交易成本。通过线上预订系统、电子支付、自助服务终端等，旅游业务处理变得高效和便捷。这些技术的应用减少了人工操作的环节，降低了人力成本和时间成本。例如，旅客可以通过网络平台快速比较不同旅游产品的价格和服务，实现优质资源的快速匹配。数字化的客户管理系统使旅游企业能够更精准地分析客户需求，提供个性化服务，从而提高服务效率和客户满意度。

2. 提升运营效率

数字化工具和系统使旅游企业能够实时监控业务运行情况，快速响应市场变化。比如，通过大数据分析，旅游公司能够预测市场趋势，合理调配资源，优化产品结构。信息技术的应用有助于内部管理优化，如通过电子文档管理和在线协作工具，提升了企业内部的沟通效率和协作效率。这些变化既提高了旅游企业的市场响应速度，也为企业带来了更高的经济效益。

（三）产业管理与服务

一方面，信息化技术的应用极大地提升了产业管理的效率和准确性。通过集成的管理系统，旅游企业可以有效地监控和管理日常运营，包括客户关系管理、预订系统、财务管理等。这些系统能够实时收集和分析数据，帮助企业快速做出决策，优化资源分配，减少运营中的错误和延误。例如，基于云计算的管理系统能够实现数据的集中存储和处理，为企业提供强大的数据支持，提升管理效能。

另一方面，信息化在提升服务质量方面起到关键作用。数字化技术使得旅游企业能够提供便捷服务，满足客户日益增长的需求。例如，通过移动应用程序，旅客可以轻松预订酒店、机票和旅游套餐，甚至可以根据个人偏好制订旅行计划。此外，虚拟现实（VR）和增强现实（AR）技术的应用，使得旅客在预订前能够体验目的地的环境，增加了服务的吸引力。社交媒体平台的利用也为旅游企业提供了与客户互动的新渠道，通过这些平台，企业可以发布最新的旅游信息，回应客户的疑问，甚至可以根据客户的反馈快速调整服务内容。

三、现代旅游业是信息密集型和信息依赖型产业

在现代信息化社会，旅游业的发展已经远远超越了传统服务业的框架，成为一个高度依赖信息技术的综合性行业。随着自助游、自驾游等个性化旅游方式的兴起，旅游者的信息需求日益增长，他们不再仅依赖旅行社提供的标准化服务，而是趋向于通过互联网、智能手机等现代技术手段，自行搜索、规划并分享他们的旅游体验。

当代旅游者在旅程的每一个阶段，从前期的规划、行程中的体验到旅程后的反思分享，都在大量地使用和生成信息。他们渴望获取全面、精准且实时的信息来支持他们的决策过程，这种需求变化使得旅行社的角色发生了转变。现在的旅游者倾向于自行设计行程，借助网络社区与其他旅行爱好者交

流经验，他们对信息的渴望不再局限于基本的食宿和交通，而是包括了丰富和深入的内容，如文化背景、地方特色、安全提示等。

在全球化背景下，旅游业与其他产业一样，显现出对经济和社会环境变化的高度敏感性和波动性。这种波动主要源于对旅游信息的缺乏有效预测和管理，特别是在旅游者需求和旅游企业信息方面，这种不匹配往往导致需求与供应之间的失衡。如果旅游信息充分、准确，那么旅游业的经济表现将显著改善。以饭店业为例，如果饭店能够提前获知未来一段时间内客房预订、餐饮需求和会议安排等信息，将大大优化人员安排和服务质量，使业务量和收入更可预测。同样，旅行社如果能准确预测旅行需求，并及时掌握航空公司、酒店和景点等的最新信息，便能精准地定价，提升旅游者的满意度。

而从旅游行政管理的角度来看，随着中国旅游业的规模不断扩大，饭店、旅行社、景区、购物点等数量众多，从业人员和游客数量庞大，给旅游行政管理带来了巨大的压力，特别是在旅游统计方面，现行的统计方法和项目存在很大的改进空间，这直接影响到旅游决策的有效性。例如，文化和旅游部的电子政务系统包括假日旅游预报系统、旅行社业务管理系统、星级饭店评定管理系统、全国导游网络管理系统、旅游投诉系统、旅游统计系统、旅游财务指标管理系统、旅游项目投资管理系统、旅游景区信息管理系统、导游等级考核管理系统等，这些系统的运用极大地提高了旅游信息统计的效率，为有效决策提供了支持。因此，为了促进旅游业的健康发展，需加强旅游信息的收集、分析和应用，特别是在旅游企业运营和行政管理领域。通过提高信息处理的效率和精准度，可以优化资源配置，提高服务质量，推动旅游业向着可持续和高效的方向发展。

第二节　信息技术对旅游消费的影响

一、智能设备对旅游消费方式的重塑

在 5G 技术的推动下，智能设备已深刻改变了旅游消费的模式。5G 技术以其高速、大容量和低延迟的特性，为旅游消费者提供了丰富、便捷的服务体验。智能手机和平板电脑等移动智能设备已成为旅游信息获取和交易的主要工具，5G技术使得这些设备能够快速处理和传输大量的数据，让旅游者在任何地点、任何时间都能轻松规划旅游行程、预订酒店和交通工具，甚至在旅途中即时调整计划。

5G技术的应用使得虚拟现实（VR）和增强现实（AR）技术在旅游领域得到广泛使用。通过智能设备，旅游者可以在实际出行前就进行虚拟旅游，预览目的地的景点和环境，例如，一些旅游景区通过VR技术提供虚拟游览服务，让用户在家中就能体验到旅游的乐趣，这增强了用户的旅游体验，也为景区带来了新的营销渠道。

智能设备和5G技术还促进了社交媒体在旅游中的作用。旅游者可以通过社交平台分享实时的旅游体验和评价，这些信息对其他潜在的旅游者有着重要的参考价值。同时，景区和旅游企业可以利用社交媒体进行有效的市场推广和品牌建设。

最后，5G技术使得在线支付方便快捷。在旅游过程中，旅游者可以轻松使用智能手机进行支付，无论是酒店预订、餐饮消费还是购买纪念品，都可以实现无现金支付，大大提高了旅游的便捷性和安全性。

二、移动互联网对旅游产品交易形式的影响

随着移动互联网技术的迅速发展，旅游业的交易方式经历了一次深刻的变革。

首先，这一变革这一变革首先体现在消费者行为上。移动设备的普及使得旅游信息的获取便捷和即时，旅游者通过智能手机或平板电脑，能够随时随地浏览旅游产品信息、比较价格、阅读评论和进行预订，这种即时性和便捷性增强了消费者的决策自主性和购买便利性。

其次，移动互联网改变了旅游产品的销售和分销模式。一些在线旅游服务平台，借助移动互联网技术，提供从酒店预订、航班查询到旅游套餐的一站式服务，这些平台通过集成大量数据，为消费者提供个性化的推荐和定制

服务，同时使得旅游产品供应商能够精准地定位目标市场和客户群。

再次，移动互联网技术的快速发展为旅游市场带来了前所未有的国际化和多元化。在这个全球化的旅游市场中，消费者可以通过手机应用或网站，轻松搜索、比较和预订不同国家和地区的旅游产品，如酒店、航班和旅游套餐。此外，移动互联网技术的应用，如多语言服务和多币种交易等，有效解决了语言和货币兑换的障碍，使得跨国旅游变得便捷和可行，例如，许多在线旅游平台提供多语言界面，让不同国家和地区的旅游者能够以母语轻松浏览和预订旅游服务。通过移动互联网，旅游服务提供商可以触及全球消费者，而消费者享受到个性化旅游选择，这种无界限的市场特征促使旅游企业必须拥抱国际化趋势，设计和提供跨文化、多样化的旅游产品和服务，满足不同国籍、文化背景旅游者的需求。

最后，社交媒体在移动互联网中的作用不可小觑。游客们越来越习惯于在各类社交平台上分享自己的旅行经历，包括照片、视频和评论，这些内容成为影响其他潜在游客旅游选择的关键因素，这种现象反映了旅游决策过程中口碑的重要性，即通过真实用户的分享和推荐来吸引新游客。旅游公司和目的地也在积极利用社交媒体进行市场推广和品牌建设，通过发布吸引人的旅游内容和互动活动，他们能够有效地吸引关注并与潜在客户建立联系。社交媒体平台上用户生成的内容（UGC）对旅游业来说具有不可估量的价值，因为这些内容通常被视为真实可信的信息来源，许多旅游目的地和公司甚至会采用 UGC 作为其官方推广的一部分，以增加其市场吸引力。

三、网络平台对促进旅游消费多样性的作用

（一）推动个性化旅游服务发展

网络平台通过收集和分析用户数据，能够为旅游者提供个性化服务。这些平台利用大数据和机器学习算法对用户的旅游偏好、消费习惯进行分析，推荐个性化的旅游目的地、活动和体验。这种定制化的服务既满足了旅游者对个性化旅游体验的追求，也为旅游业提供了多元化发展的机会。

（二）促进线上线下融合

网络平台的发展极大地促进了旅游业的线上线下融合，改善了整个旅游体验。在这一模式下，旅游者能够利用线上平台方便快捷地预订酒店、门票和旅游套餐等服务。这种预订方式节省了时间，也提供了更多选择和灵活性，使得个性化旅游规划变得容易。预订完成后，旅游者在实际的旅行中则享受线下服务，包括酒店住宿、景点参观等实体体验。对于服务提供商而言，线上预订系统的普及使他们能精准地预测需求，从而有效地管理资源和提升服务质量。

（三）扩展旅游营销和推广渠道

网络平台为旅游目的地和服务提供商提供了广阔的营销和推广渠道。通过社交媒体、博客、视频平台等多种网络渠道，旅游目的地和服务可以有效地触及潜在客户，进行品牌宣传和市场推广。同时，这些平台为旅游者提供了分享旅游体验和评价的渠道，从而推动了口碑营销的发展。

第三节　信息技术对旅游业的影响

一、信息技术改变旅游业的竞争格局

在当代社会，信息技术的进步正深刻地影响和改变着旅游业的面貌。信息技术在提升旅游资源的整合能力，改变区域旅游的竞争格局，创新旅游企业的管理服务，并在旅游电商领域培植新的势力范围方面发挥着重要作用，如表4-1所示。

表4-1　信息技术对旅游业竞争格局的影响

主　题	关键内容
信息技术提升旅游资源整合能力	整合区域旅游信息，提升区域旅游信誉和市场竞争力

主　题	关键内容
信息技术改变区域旅游竞争格局	促进旅游企业融合，改变市场格局，利用大数据提升竞争力
创新旅游企业管理服务	智慧景区建设，提升服务管理质量和个性化服务
培植旅游电商势力范围	旅游电商成为市场强势参与者，改变旅游景区与市场的互动

（一）信息技术提升旅游资源的整合能力

信息技术在旅游业中不只是一个技术应用，更是推动旅游业革新的核心动力。这种技术的应用能够有效提升旅游资源的整合能力，增强区域旅游的吸引力和市场竞争力，为旅游业的现代化提供强有力的技术支撑，同时为旅游电子商务的拓展开辟了广阔的发展空间。

在区域旅游资源整合方面，信息技术的应用重要，这主要是因为区域旅游资源的整合程度直接影响着该区域的旅游形象和市场竞争力。信息技术的运用可以有效解决由信息不对称导致的资源整合和管理困难。武隆区的智慧旅游平台就是典型案例。这个平台一方面作为武隆区统一的旅游推广和市场营销网站，另一方面兼具交通指挥、客流统计和监控管理等功能，并展示了武隆的特色旅游和农产品。通过这样的智慧旅游平台，政府可以高效地整合区域旅游信息资源，将旅游信息全面、快速、准确地展示给消费者，提升区域旅游的信誉和竞争力。

具体来看，区域旅游信息资源包括旅游资源/产品信息、各类旅游服务信息和企业经营动态等。通过将这些信息资源整合并通过网络平台展示，可以让消费者全面地了解旅游资源，减少信息不对称带来的问题，如旅游消费的过度集中和资源的未被充分利用等。此外，地方旅游公共信息平台可以整合各类服务信息，统一发布，提升信息的可靠性和权威性。最终，政府应通过这种平台整合包括中小企业在内的各类企业信息，以标准化、可视化、实时化的方式展示，以提升区域旅游的服务水平和市场竞争力。

（二）信息技术改变区域旅游的竞争格局

①信息技术的应用促进了旅游企业内部及与产业链上下游的融合，利用信息管理平台，旅游企业能够提高经营管理效率，并通过信息共享和合作，形成一个融合发展的生态系统，提升了旅游业的生产效率和服务质量，增强了区域的竞争力。②信息技术的广泛应用改变了旅游市场的格局，旅游业的竞争除受客源市场、区位条件、交通格局和旅游吸引力的影响外，还深受信息技术的应用程度和信息传播的影响，当前的信息传播能力已经足够影响整个市场格局。③大数据技术提升了旅游信息的价值。在网络化的旅游信息获取和传播环境中，区域旅游的竞争不只受限于信息传播能力，更依赖旅游信息的整合能力，因此，将旅游信息转化为资源，并通过大数据技术进行开发利用，已成为提升区域旅游竞争力的重要途径。

（三）创新旅游企业的管理服务

信息技术与旅游业的融合是逐步发展的过程，这一融合受到信息技术的水平、成熟度以及融合成本等因素的制约。中国在智慧景区建设方面，已经经历了数字化景区建设（1.0版）、管理应用主导的智慧景区建设（2.0版），目前正在向服务应用主导的智慧景区建设（3.0版）转型。在2.0版智慧景区中，景区的服务管理质量有了显著提升，例如，通过与公安交通系统的联动，利用车牌识别系统可以准确统计来自不同区域、城市的自驾游客数量，为旅游资源分配提供决策依据。摄像头监控系统能实时监控景区客流状态，对拥挤地区进行有效疏导。闸机验票系统提供的数据有助于及时调整售检票策略，确保游客量处于可控范围内。

智慧景区的3.0版注重服务的个性化和精细化管理，通过挖掘游客的手机预订信息和大数据分析，景区能够了解游客的消费记录、偏好和消费层次，提供个性化消费体验。此外，智慧景区通过智能泊车系统、异动自动监控系统、自动工作巡视系统等高科技手段，实现了智能化和精细化的景区管理，极大提升了旅游服务质量。

（四）培植旅游电商的势力范围

旅游电商在将旅游业从传统服务业转型为现代服务业的过程中发挥着关键作用，它利用利益驱动迫使旅游企业进行持续的改革和升级。旅游电商的出现和发展离不开信息技术的进步，信息技术不只孕育了旅游电商这一新兴领域，还持续扩展其影响范围和在旅游产业链中的地位。从目前的旅游电商平台的发展来看，它们已经成为市场上的强势参与者。这些平台通过控制信息资源和培养旅游者对信息的依赖，建立了庞大的消费者基础。通过与酒店和景区的签约合作，旅游电商不断加强对旅游供应市场的控制，同时推出自己的旅游产品和服务，直接参与市场竞争。

面对旅游电商的崛起，许多旅游景区在与电商平台的协商中处于劣势，为了保证销量，景区通常需要接受电商的条款。与此同时，一些景区开始通过搭建自己的平台，直接与消费者沟通，以减少对电商的依赖，这种做法有助于景区更好地掌握自己的市场定位和营销策略，提高对消费者需求的直接响应能力。

二、信息技术提升旅游服务供给效率

旅游业的特殊性在于其生产和消费活动的同步发生，这使得其供给效率与常规产品供给存在显著差异。旅游产品的供给效率受到多种因素的影响，其中，直接影响因素包括生产流程的效率、交通管理及渠道分配等。间接影响因素则涵盖了消费者的意识、消费习惯以及媒体营销策略等。信息技术在旅游业中发挥着核心作用，其直接参与旅游产品的生产过程，涉及旅游产品的分销、游客招徕、交通组织及资源分配等环节，有效提高了旅游产品向游客的直接和间接供给效率，如表 4-2 所示。

表 4-2　信息技术对旅游服务供给效率的影响

主　题	关键内容
信息技术介入企业运营	优化景区资源分配、提升服务效率，应用视频巡逻和智能办公系统

主 题	关键内容
信息技术提升供给效率	旅游产品服务的标准化，应用 App、二维码和位置感应器等技术
信息技术改善配给渠道	旅游电商的崛起，优化资源配置，提供在线服务
信息技术刺激旅游需求	智能手机的普及，社交媒体的作用，旅游市场需求扩张
信息技术提高交通效率	旅游交通的便利性，网约车和在线地图服务的应用

（一）介入企业运营

信息技术的引入极大地提高了旅游企业的运营效率，这一变化主要体现在对旅游景区资源分配、员工服务效率和配套服务能力的优化，从而提高整体的旅游产品供给效率。例如，尽管信息技术不能直接增加旅游景区的瞬时最大承载量，但它能通过优化交通路线、指导游览路线、调整访客时间等措施有效提高景区在高峰期的接待能力。视频巡逻和智能办公系统的应用，可以提高景区运行效率，数据挖掘系统则为管理决策提供了科学依据。

（二）提高供给效率

信息技术在直接参与旅游服务生产的过程中，通过替代传统人工方式，实现旅游产品服务的标准化，提高供给效率。例如，利用 App、二维码或位置感应器等技术，旅游景区能为游客提供多样化的自动解说服务，如图文、音频、视频解说等。智能化的酒店入住与退房系统，以及电子验票系统的应用，都极大程度简化了旅游者的体验流程。

（三）改善配给渠道

随着旅游电商的崛起，传统的旅行社等中介机构的作用正在被削弱。旅游电商作为一个强大的第三方势力，凭借其掌握的信息资源，能够对旅游交通、住宿、观光等方面进行有效的资源配置。通过在线推荐路线、交通组织、机票和酒店预订等服务，旅游电商能在一定程度上优化资源配给，从而综合提高旅游产品的数量和质量。这种通过技术手段实现的资源优化，满足了旅游者的多样化需求，显著提高了旅游产品的整体供给效率。

（四）刺激旅游需求

智能手机的普及促使人们日常接触大量信息，其中包括激发旅游意愿的各种消息。电影、媒体报道、社交圈子，甚至是达人和亲朋好友的分享，都在不断地激发和塑造人们的旅游需求和动机，这样的信息流动改变了消费者的旅游习惯，引领了新的旅游消费趋势和热门路线的形成。移动网络的普及也在影响旅游行业的发展趋势，它传播的旅游观念，如错峰旅游、淡季旅游和休闲旅游等，有效地缓解了景区的淡季供需矛盾，促进了旅游供给效率的提升，推动了整个旅游行业的健康发展。

（五）提高交通效率

交通便利性在旅游业中扮演着重要角色，类似于高效物流对商品供应链的影响。交通的高效运作直接提高了旅游产品供给的效率，同时成为吸引旅游者的关键因素。交通是旅游的必需手段，也是旅游体验的重要组成部分。

具体来说，交通的便利性能激活旅游需求，促进市场的扩展，并增加目的地的吸引力。信息技术在提高旅游交通效率方面发挥着关键作用，它增强了出行的可控性和便捷性，这种技术的应用不仅助力于激发旅游市场需求，还促使旅游交通资源的有效配置。例如，旅游者可以通过线上预订平台轻松解决长途交通预订问题，为旅游计划的制订和执行提供了坚实的交通基础。旅游电商通过提供特价机票和交通组合套餐，激发了旅游市场的需求。而网约车的合法化使得城市闲置交通资源有效地投入城市旅游服务中，可帮助旅游者轻松解决城市内的交通问题。此外，一些在线地图服务，旅游者能够便捷地处理异地交通导航问题，通过不同的模式接入行走、公交、出租车等多种交通方式的信息，提升了旅游的便利性。

三、信息技术促进旅游供给侧改革

信息技术在旅游业的供给侧改革中起着关键作用，它为创新旅游服务提供了坚实的技术支撑。信息技术通过整合旅游资源、挖掘消费数据、确保交易安全，赋能旅游经营者向游客提供多元和个性化的产品及服务，提升了旅游产品的层次感和服务的个性化程度，增强了消费者在旅游过程中的安全感和满意度，有利于进一步推动旅游行业朝着高效、客户导向的方向发展。信息技术促进旅游供给侧改革的具体表现，如表 4-3 所示。

表 4-3　信息技术促进旅游供给侧改革的表现

主　题	详细内容
智慧景区的顾客中心化建设	通过 App 平台定期推送多元化信息，提供实时交通更新、个性游览攻略；实现个性化服务的精准推送，利用顾客管理系统和数据挖掘技术，从游客的交易记录和偏好中获取信息，提高服务水平
数据挖掘与个性化服务提升	旅游企业通过数据共享和大数据分析识别高价值客户，了解游客的消费偏好，提供贴心的个性化服务，提升旅游体验和服务质量
电子交易降低消费风险	电子交易通过提供全面的旅游信息、第三方交易担保等，降低旅游决策中的信息不对称造成的风险，减少交易欺诈，通过体验评价降低质量风险，提供安全保障

（一）智慧景区以顾客为核心

智慧景区 3.0 的建设关键在于提供丰富和个性化的旅游服务，以提高游客体验和景区运营效率。

1. 多样化的旅游信息提供

智慧景区应利用应用程序（App）定期向关注的潜在顾客推送多样的消费信息，建立与顾客的长期关系。对于已购票或预订酒店的游客，景区可通过 App 提供实时交通更新、定制游览攻略和特色餐饮信息，以满足游客对各类信息的需求。对于游园中的游客，景区应提供实时信息服务和咨询，快速响应游客需求，收集其消费偏好和轨迹，以便未来提供个性化服务。对于已离园的游客，通过反馈信息的关注和定期消息推送，可有效维护顾客关系。

2. 个性化服务的精准推送

利用顾客管理系统和数据挖掘技术，智慧景区可以从游客的交易记录、消费轨迹和偏好中获取信息，实现个性化服务。通过对优质游客的消费模式的分析，景区能够及时预测并满足其个性化需求，提供差异化和多样化的服务，满足游客对品质和多元化体验的追求。

3. 园区运营的精细化管理

智慧景区通过电子支付系统和电子定位系统的实时反馈，能够有效监控游客的消费和行为安全，及时对潜在风险提供预警。此外，通过监控系统实时跟踪景区的环境状况，如噪声、生态和水质，可及时了解景区的承载情况和运营状况。景区安保系统的高效运用，确保了景区的安全运营，为防灾减灾提供了有力支持。

（二）数据挖掘改善个性化服务

数据共享和大数据分析在旅游业中的应用是实现个性化服务的关键。在当前的旅游市场中，消费者的支付信息和消费习惯通常分散于不同的行业和企业，如果没有有效的数据共享机制和深度数据挖掘，这些信息很难被充分利用。以旅游景区为例，它们往往面临着如何为不同需求的游客提供差异化服务的挑战。由于缺乏对游客身份和消费习惯的了解，景区难以实施有效的分层服务管理。相比之下，一些连锁酒店，尤其是国际品牌的酒店集团，通过内部的信息共享平台，可以访问到VIP客户、常客和一般会员的消费数据。这些数据的分析使得酒店能够根据客户的消费历史提供更加个性化的服务。

在未来的旅游业中，信息共享平台和大数据技术的应用将变得普遍。景区、酒店、航空公司等可以在保证数据安全的前提下共享内部数据，通过数据挖掘技术轻松识别高价值客户和了解游客的消费偏好及习惯，这使得旅游企业能够根据这些数据在接待服务、客房餐饮、旅游体验等方面提供个性化服务。

（三）电子交易降低消费风险

信息技术作为旅游业创新的重要推动力，已深入旅游业的多方面，既催化了行业从传统到现代服务业的转型，也在重塑区域旅游的竞争和产业格局。信息技术的发展带来了以客户为中心的运营服务体系的构建，通过大数据挖掘，极大地丰富了旅游产品的个性化和多样化供给，同时优化了旅游产品供给结构，提高了供给效率。此外，网络电子交易的兴起为旅游消费者提供了更多的安全保障，降低了消费中的多种风险。

电子交易的便捷、安全、可追溯和可取证特性特别适用于降低旅游消费中的风险，尤其是在异地消费的情况下。旅游者在做出旅游决策和消费时，通常面临四种主要风险：决策风险、成本风险、体验质量风险和意外事故风险。旅游电商平台通过提供全面的旅游目的地信息、旅游产品质量和体验评价等，有助于降低因信息不对称引起的决策风险。这些平台能减少交易中的价格和质量欺诈风险，通过体验评价和等级系统降低体验质量风险，并通过提供交通、气象等信息来降低意外风险。

旅游决策风险涉及目的地选择、旅游产品选择、行程安排等方面，与心理和社会风险的平衡密切相关。成本风险则包括交易风险、时间成本风险和身体风险。体验质量风险关乎旅游产品消费过程中的质量问题，而意外事故风险主要是指旅游过程中可能遭遇的各种意外对旅程、体验、财产和身体可能造成的损害。

由上可知，信息技术的深度应用已经成为旅游业变革和发展的关键要素。旅游企业必须适应这些变化，推进智慧景区建设，提高内部管理的信息化水平，以增强旅游产品的生产能力和供给效率。通过这些措施，旅游企业能够更好地适应市场需求，提供个性化服务，为消费者创造更安全、更可靠的旅游消费环境。

第四节　信息技术对旅游供应链重构的影响

一、旅游行业的多市场动态与客户体验

（一）游客在旅游市场中的消费体验与信息交流

旅游行业正迅速向多元化和全球化方向发展，为游客提供了多种选择。这种选择的多样性既体现在旅游目的地、住宿选择和交通方式上，还体现在旅游产品和服务的个性化和定制化上，因此，游客在购买旅游产品时的体验变得丰富且复杂。在决策过程中，他们需要综合考量诸如价格、便利性、安全性以及文化体验等多种因素。为了更好地满足游客需求并优化他们的购买体验，旅游服务提供者需深入了解市场动态，提供符合游客期望的产品和服务。

在这个过程中，信息的分享和交流起到重要的作用，通过社交网络、旅游网站和在线论坛等渠道，游客可以分享他们的旅行体验和建议。例如，他们可以在互联网上发表旅行日记、照片和视频，为其他潜在游客提供关于目的地、住宿和旅游活动的直接反馈，这些共享的信息对于提高市场透明度、增强信任度以及协助其他游客做出明智选择有价值。而旅游行业服务者可以通过分析这些信息来深入地理解市场需求和消费者偏好，据此调整他们的营销策略和服务方式。

（二）旅游业中的中介平台化及市场营销策略

随着信息技术的飞速进步，旅游电子商务已经成为旅游市场的重要组成部分，这既改变了传统旅行社的市场地位，也引领了旅游信息服务的发展方向。

旅游电商作为集合旅游信息的中心，通过对消费者需求和市场动态的深

刻理解，运用数据分析工具，有效预测和引领市场趋势。这使得它们在旅游信息服务领域占据了核心位置。

旅游电商平台提供了一个全面的交易空间，让旅游消费者和服务提供商能够直接、高效地进行交易。这提高了交易的效率，扩大了市场的范围。

在移动支付领域，旅游电商扮演了关键角色。通过应用程序和在线平台，它们为用户和企业提供方便快捷的在线支付选项，成为旅游业移动支付的主要推动者。这对于促进旅游行业在线交易具有极大的意义。

旅游电商还充当了目的地宣传的重要平台。它们为旅游目的地和服务商提供专业的咨询和决策支持，并利用自身平台进行精准的市场推广和网络广告宣传。这有效地提升了旅游目的地和服务商的市场影响力，增加了其产品和服务的交易成功率。

（三）旅游供应商的客户互动与市场策略调整

在当代旅游市场环境下，旅游景点和酒店作为核心服务提供者，面对旅游中介机构，尤其是电商平台的日益增长的影响力，正经历着挑战与机遇的双重考验。这些中介机构，特别是旅游电子商务平台，已经成为游客与服务提供者之间的主要联系渠道。虽然大型旅游企业试图通过自己的网站、社交媒体和员工个人账号等在线渠道进行市场营销和客户交流，但这些尝试的效果往往有限，尤其对于中小型企业而言，直接营销策略的实施困难。多数服务提供商依旧依赖电子商务平台来吸引游客，这导致他们在旅游产业链中处于相对被动的位置。

移动支付交易的实施同样依赖电商平台，由于电子交易接口和客户市场的信息资源大多掌握在这些平台手中，旅游企业对电商的依赖加深。这种依赖关系限制了服务提供商在市场营销和产品推广方面的自主性，迫使他们必须通过电商平台接触目标市场。

虽然旅游服务提供商可以通过电商平台获得网络预订和在线交易信息，准确地判断市场趋势，据此调整产品结构，但在整个旅游产业链中，他们的地位并未显著提升。在与中介机构的谈判中，他们的议价能力受限。除了一些高质量的旅游景区，大多数服务提供商面临着对中间商高度依赖和在产业链中较低地位的挑战。

二、旅游行业中低违约成本的市场影响

（一）交易违约主体的变化及其对市场的影响

在旅游行业中，低违约成本的市场影响显著，特别是在旅游交易中违约主体的变化及其对市场的影响方面。随着电子商务和在线预订平台的兴起，旅游行业的交易模式发生了显著变化，其中一个关键的转变是交易违约责任的重新分配和对市场的深远影响。

交易违约主体的变化体现在旅游电商和在线预订平台的兴起。传统上，旅游交易主要通过旅行社和直接预订进行，违约责任相对明确。然而，随着在线平台的流行，交易违约责任变得复杂。这些平台作为第三方介入旅游交易，为旅游者和服务提供商之间的交易提供中介服务。当违约发生时，确定责任主体变得困难，尤其是在涉及多方的复杂交易中。

低违约成本对市场的影响主要体现在消费者和供应商之间的权力关系上。在线预订平台通常设定灵活的退订政策，降低了消费者的预订风险，但同时增加了供应商（如酒店、景区等）的经营风险。供应商为应对频繁的预订变更和取消，可能不得不调整价格策略，提高灵活性以吸引更多预订，这在一定程度上加剧了市场的竞争压力。低违约成本还影响了市场的供需平衡。消费者可以轻易变更或取消预订，导致供应商难以准确预测需求，影响他们的运营效率和盈利能力。例如，酒店可能因大量最后一刻的取消而面临空房问题，或不得不在旺季提高价格以弥补损失，这种市场动态迫使旅游服务提供商不断调整策略，以适应不断变化的市场环境。低违约成本也促使旅游服务提供商寻求更多创新的营销策略和服务改进，他们可能需要注重品牌建设、顾客忠诚度提升和服务质量提高，以保持在竞争激烈的市场中的优势。例如，提供个性化服务、开发独特的旅游产品或提供附加值服务，以区别于其他竞争对手。

（二）低违约成本对供给效率的影响

低违约成本对供给效率呈现出多重维度的影响。低违约成本主要是由于在线预订平台的灵活退订政策和电子交易的便捷性所引起，这些因素共同作用于旅游市场，从而影响旅游产品和服务的供给效率。①低违约成本促进了市场的活跃性和消费者的预订行为，在线预订平台如携程和去哪儿等提供了灵活的退订选项，使消费者在面临不确定因素时仍愿意进行预订，这种消费行为的活跃性在一定程度上增加了市场的流动性，提高了预订量，但这种增加的流动性并非完全体现为实际的消费行为，因为高退订率也可能随之而来。②低违约成本对旅游服务供应商，特别是酒店和旅游景区，造成了显著的运营挑战。供应商为了应对预订的不确定性，可能不得不采取一些措施，如增加备用资源或调整价格策略，以应对可能出现的空缺或超额预订情况，这种调整虽然可以在一定程度上缓解由于预订波动带来的影响，但也增加了运营成本和复杂性，影响了供给效率。③低违约成本导致的供需不匹配问题加剧了旅游市场的波动性，在高峰季节，旅游景点和酒店可能面临过度预订的风险，而在旅游淡季，又可能遭遇大量的空置问题，这种供需不平衡既影响了旅游企业的收入稳定性，也对资源配置效率构成了挑战。④低违约成本的市场环境迫使旅游服务提供商寻找新的营销策略和优化服务，例如，一些酒店和旅游景区开始提供非退订率优惠、提前预订折扣或其他激励措施，以增加实际的消费转化率，通过提供更具吸引力的条件来减少预订的取消率，从而提高供给效率。

（三）灵活违约政策促进旅游交易量增长

1. 灵活的违约政策降低了消费者进行旅游预订时的决策压力

在传统的旅游预订模式中，一旦预订完成，消费者往往面临较高的取消成本，这可能导致他们在预订前犹豫不决。但是，灵活的违约政策允许消费者在一定时间内无损取消或修改预订，这极大地减少了他们的预订风险。结果，消费者更愿意进行预订，即使他们的旅行计划尚未完全确定。

2.灵活违约政策增加了市场的流动性

消费者由于可以随时调整或取消预订，因此频繁地进行预订，导致旅游市场的总交易量增加。这种增加的交易量有利于旅游服务提供商，如酒店和旅游景点等，因为它们可以通过频繁预订来优化资源分配和收益管理。

但是这种政策带来了一定的挑战。由于预订可以随时取消，旅游服务提供商可能面临预订波动和需求预测的困难，这要求他们必须灵活和敏捷地管理资源和服务，以适应市场的不断变化。为此，许多旅游企业开始采用精细化的收益管理策略，如动态定价和实时库存管理等，以最大化收益。此外，灵活的违约政策激发了市场竞争，为了吸引和保留消费者，旅游企业不得不提供更具吸引力的预订条件和优质服务，这种竞争推动了服务创新和提升，促进了整个旅游行业的发展。

三、旅游虚拟产业集群的供应变革

（一）提升旅游虚拟产业群的集聚效应

在传统模式下，旅游业的聚集通常受限于地理空间，限制了旅游供应商的数量和多样性。这种空间限制影响了产品提供的多样性，也导致了旅游资源的不均衡利用，使得部分供应商难以充分参与市场竞争。但是，借助虚拟产业集群的概念，网络中间商和供应商之间可以实现有效的资源整合和再分配。这样的虚拟集群模式能够突破传统空间限制，增加网络平台上的旅游产品和服务，为游客提供广泛选择。通过这种方式，旅游区域能够更好地满足游客的多样化需求，从而增强整个区域的旅游竞争力。

（二）优化旅游产品供给流程的高效性

在旅游产业中，消费者的活动性是其与传统商品供应链的核心区别所在。旅游领域的独特之处在于消费者的移动性——他们亲自前往体验服务和产品，而在普通商品供应链中，商品通过物流直接送达消费者。在这样的背景下，旅游虚拟产业集群的形成，尤其是基于收益共享合同精神的组织模式，为提高旅游产品的供给效率提供了新的途径。旅游电子商务与本地服务提供商之间建立的紧密合作关系，形成了无缝的旅游服务供应链。这种供应链内部的公平竞争和交易监督机制，保证了服务的及时性和有效性，例如，提供额外的送餐、接送或定位服务使得那些位于景区周边较隐蔽位置的酒店和餐馆能够有效参与市场竞争，以降低热门地区酒店和餐馆的接待压力，提升整个区域旅游产品的供给效率。

（三）减少交易违约并降低消费风险

旅游目的地的虚拟产业集群通过提供广泛的产品和服务选择，极大地增强了旅游产品供给的灵活性和敏捷性。该模式既便利了旅游者的扫码支付需求，还有效降低了交易违约的可能性。进一步来说，这样的产业集群通过提高交易流程的透明度和可追溯性，为旅游交易提供了坚实的保障，显著降低了价格、质量和服务品质方面的风险，有效消除了游客的交易安全担忧。例如，在扫码支付的过程中，交易信息的全面记录增加了消费者权益保护的可追溯性，而第三方交易监督的引入显著减少了交易欺诈的风险，为旅游者创造了安全、可靠的消费环境。

四、旅游消费的响应——供给时效变革

（一）提高在线预约系统的响应速度

1.快速响应的在线预约系统能极大地提升消费者的便利性

随着科技的进步和消费者习惯的变化，旅游者倾向于通过数字化方式安排自己的行程。这种趋势要求旅游服务提供商必须拥有能够迅速、准确处理预订请求的系统。一个高效的在线预约系统可以大大缩短用户等待时间。在传统的预订过程中，旅游者可能需要通过电话或面对面的方式进行预订，这不仅耗时而且效率低下，而现代的在线预约系统可以实现秒级响应，用户只需通过几次点击即可完成预订，系统会自动处理请求并迅速反馈确认信息。

一个高效的预约系统能够立即满足用户的需求，无论是更改预订、查询可用性还是处理特殊请求，都可以迅速得到解决，显著提升了用户的满意度，有助于增强客户忠诚度和品牌声誉。此外，这种系统能帮助企业更好地管理资源和优化运营流程，例如，通过实时数据分析，企业能够对客流量进行预测，相应地调整服务和资源分配，提高整体运营效率。

2. 响应速度的提升有助于提高运营效率，降低企业成本

在后台，一个高效的预约系统能自动处理大量预约请求，这意味着可以减少人力资源的需求，同时降低因人为操作错误造成的潜在成本。例如，在忙碌的旅游季节，酒店、旅行社或景点的预约请求可能会激增，一个自动化的预约系统可以迅速、准确地处理这些请求，而不需要大量额外的员工进行手动操作。自动化的预约系统可以提供重要的数据和分析，帮助企业进行有效的资源规划和管理。例如，酒店可以根据预约数据分析客流趋势，合理安排客房使用和员工排班。系统中的数据还可以用于市场分析和需求预测，通过分析预约趋势和客户偏好，企业可以预见未来的需求变化，提前调整服务策略和营销计划，确保能够及时满足市场的需求，避免过度投资或资源浪费。

3. 快速响应的预约系统能高效应对旅游高峰期

在旅游高峰期，如节假日或旅游旺季，旅游目的地、酒店、航空公司及其他交通服务提供商面临着大量的预约请求，这种情况下，一个快速响应的预约系统显得重要，这样的系统能快速处理海量的预约，有效预防系统超载或崩溃的情况，确保旅游服务的连续性和稳定性。

快速响应的预约系统对旅游服务提供商来说具有两个优势：①它能够提高客户满意度，特别是在紧急或临时预订的情况下，快速和有效地响应可以极大地减少客户的等待时间和不确定性，提高其对服务的整体满意度。②系统的高效运作可以减少预订期间的错误和混乱，尤其是在处理大量预约时，减少了出错的概率，确保了预订流程的顺畅和准确。

（二）加快旅游产品供给的时间效率

在当前的移动支付和电商时代，中国已成为全球移动支付的先行者，尤其在年轻一代中，手机支付已成为日常消费的常态。这种迅速的消费模式已经扩展到旅游领域，导致旅游产品的购买和供应需求快速变化。旅游者在旅行中经常需要根据实际情况进行调整，如更换酒店预订等。在这种情况下，旅游者往往会利用手机快速搜索并预订附近的酒店。如果这些潜在住宿地点不能迅速回应预订需求，将立刻错失商机。因此，旅游产品的供应效率对交易的成功重要，在旅行中的旅游者通常缺乏等待的耐心，对旅游产品的及时供应提出高要求，不能提供及时服务的企业可能会错失宝贵的交易机会，特别是在面对需求迅速变化的旅游市场时。

（三）限时服务在日常旅游消费中影响力的强化

限时服务的核心在于其对时间效率的极度重视。在快节奏的生活和工作环境中，时间成为一种宝贵资源。旅游消费者倾向于选择那些能够提供快速、准时服务的旅游产品和服务提供商，例如，许多旅游者倾向于选择那些能够保证快速入住和退房、即时餐饮服务、快速的旅游咨询和预订服务的酒店和旅游公司，这种对时间的敏感性要求旅游行业在提供服务的过程中实现高效的时间管理和服务优化。

限时服务在提升旅游体验和满意度方面起着重要的作用。在旅游行业中，客户体验的质量往往与服务的及时性紧密相关，及时服务能够满足客户的即时需求，还能够提升客户对品牌的整体印象。例如，一家酒店如果能够在旅游高峰期间快速响应客户需求，如迅速处理房间预订和客户投诉等，就能够在客户心中留下积极的印象，从而提高客户忠诚度和品牌声誉。

限时服务对旅游企业的运营效率和市场竞争力也有显著影响。能够提供限时服务的旅游企业往往在市场上更具竞争力，这种服务模式要求企业不仅要优化内部流程，提高工作效率，还需要投资于技术和人员培训，以确保能够快速响应市场变化和客户需求。因此，限时服务实际上促使旅游企业持续创新和改进，以适应日益变化的市场需求和消费者偏好。例如，通过引入先进的预订系统、改进客户服务流程、加强员工培训等措施，旅游企业可以有效地提供限时服务，在激烈的市场竞争中脱颖而出。

第五章　基于大数据的旅游业创新发展

第一节　大数据概述

一、数据的产生

（一）从数据库时代走向大数据时代的企业信息化进程

在数据库时代，企业着力于信息数据的采集、整合与标准化，实现了信息数字化和标准化的重大突破。企业建立起各种数据库系统，如企业资源管理（ERP）、客户关系管理（CRM）、管理信息系统（MIS）等，从而收集到大量的结构化和标准化数据。这些数据覆盖了财务、人力资源、客户关系和产品管理等企业运营的各个方面，实现了信息服务的一站式和互联互通，极大提升了企业的信息化水平和运营效率。随着互联网、移动互联网和移动通信技术的发展，大量半结构化和非结构化数据的产生和应用需求催生了大数据技术的发展。大数据技术的核心在于管理和应用这些半结构化和非结构化数据，以解决传统数据库技术所面临的挑战。

（二）移动互联网和社交网络对大数据发展应用的推动作用

移动互联网的普及，以及智能手机、平板电脑和 App 等的广泛应用产生了海量数据，为企业提供了宝贵的信息资源。比如，通过大数据技术对消费者的习惯、方式和内容进行深入分析，企业能够精准地进行产品开发、市场营销和目标客户定位，显著提高运作效率，促进快速发展。大数据所能创造的商业价值和潜力成为推动其发展的关键动力。

进入 21 世纪初期，大数据技术开始在互联网和信息技术行业中得到广泛应用。在现代信息社会中，数据已成为与土地、资本、劳动力并驾齐驱的关键生产要素。大数据时代的到来标志着数据的重要性日益凸显，它将成为企业提升生产力和竞争力的核心要素。数据将与其他传统生产要素一样，成为企业和社会发展的关键驱动力。

二、大数据的内涵

（一）大数据的概念

大数据（Big Data），又称海量资料，是由数量巨大、结构复杂、类型众多的数据构成的数据集合，其所涉及的资料量规模巨大到无法通过目前主流软件工具在合理时间内撷取、管理、处理并整理成能帮助政府机构和企业进行管理、决策的资讯。与传统数据相比，大数据在多方面表现出显著差异，如表 5-1 所示。

表 5-1　大数据与传统数据的比较

比较内容	传统数据	大数据
容量	GB 级	一直在提升，当前在 TB 级甚至 PB 级
产生速度	每时、每天	海量
结构	结构化	结构化、半结构化或无结构化
数据来源	集中	完全分散
数据集成	简单	复杂
获取	交互式	批量或要求实时

（二）大数据的特征

大数据的特征可以用 5V 来表示，即数量（Volume）、处理速度（Velocity）、数据类型（Variety）、价值（Value）以及真实性（Veracity），框架如图5-1 所示。

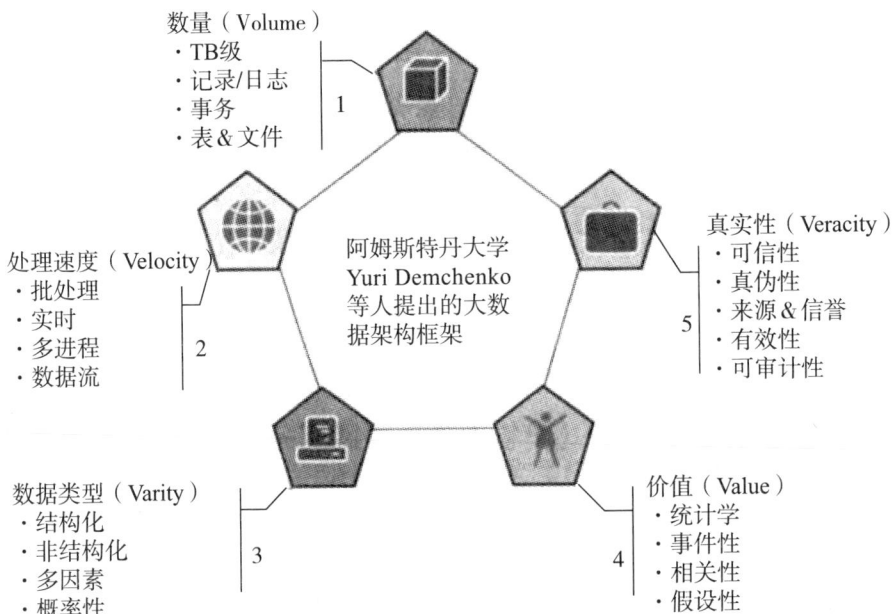

图 5-1　大数据的 5V 框架

1. 数据体量巨大

随着信息技术的飞速发展，尤其是互联网和移动通信技术的广泛应用，人们进入了一个数据爆炸的时代。这些数据来源多样，包括社交媒体、交易记录、传感器、视频和图像等，每天都在以前所未有的速度和规模产生。这种巨量的数据集合超出了传统数据库软件处理能力的范围，需要新的技术和方法来存储、管理和分析。大数据的体量巨大到可以用 PB（千兆字节）或者EB（百万兆字节）来衡量。它们来源广泛，而且更新迅速，呈现出爆炸性的增长趋势。处理和分析这些大量数据，为企业和组织提供了深入洞察市场趋势、用户行为和运营效率等方面的机会，从而在竞争中取得优势。

2. 处理速度快

在当前的信息时代，数据的实时处理和分析变得重要，这意味着大数据技术不仅能够处理庞大的数据量，还能快速响应和分析这些数据。这种迅速的数据处理能力使企业能够即时获取关键信息，快速做出决策。例如，在金融市场，对实时交易数据的快速分析能够指导投资决策；在社交媒体监控中，对用户行为的实时分析有助于更好地理解市场趋势和公众情绪。快速的数据处理对预测分析和风险管理重要，可以帮助企业预见未来趋势，及时调整策略以应对可能的市场变化。

3. 数据类型繁多

不同于传统的结构化数据，大数据环境中的数据类型丰富和复杂，涵盖了结构化、半结构化和非结构化数据。结构化数据指的是那些可以在固定格式中存储的数据，如数据库中的表格数据。半结构化数据则包括电子邮件、XML 文件等，它们虽具有一定的组织结构，但不符合严格的数据模型规范。而非结构化数据如文本、视频、音频和社交媒体帖子等，它们的格式多样，不易进行标准化处理和分析。这种多样性使得大数据技术在处理和分析数据时必须采用复杂和先进的技术手段，以充分挖掘和利用这些数据中蕴含的信息。这也意味着，在大数据环境下，数据分析和处理工作复杂，需要高级的算法和工具来处理不同类型的数据，以提取有价值的信息。

4. 价值密度低

虽然大数据包含海量的数据信息，但并非所有数据都具有同等的价值或重要性，在庞大的数据集中，有价值的数据往往只占很小的一部分，大部分数据可能是冗余的或不相关的。这种情况下，从大量的数据中提取有用信息成为一项挑战。为了克服这一难题，需要运用复杂的数据分析技术和算法，如机器学习和数据挖掘技术，以便有效地识别和提取这些有价值的数据。这就要求数据分析师具备高级的分析技能和对数据的深入理解能力，以及使用高效的工具进行数据筛选和处理。所以，虽然大数据提供了巨大的信息资源，但真正能够转化为有用知识和见解的数据比例相对较低，这也是大数据应用中面临的一个重要挑战。

5. 数据真实性

在大数据环境中，数据通常来源于多样的渠道，包括社交媒体、交易记录、传感器等，这些数据反映了真实世界的各种情况和用户行为。数据的真实性对保证数据分析的准确性和可靠性重要，如果数据包含错误或误导性信息，分析结果可能会导致错误的决策和策略。所以，确保数据的真实性是大数据应用的关键，这需要高效的数据管理和验证机制，以及对数据来源的严格监控。机器学习和人工智能技术的应用也可以帮助识别和过滤不准确或虚假的数据，确保数据分析的质量。在处理大数据时，企业和机构必须考虑数据的真实性，以提高数据驱动决策的可信度和有效性。

（三）大数据的价值与意义

1. 从量变到质变

大数据时代的到来，从 2011 年起，就已经成为全球政府、企业及学术界关注的焦点。与传统的"小数据"相比大数据所蕴含的独特价值呈现出质的飞跃。例如，单一摄像头在特定时间捕捉到的数据虽有限，但若能收集同一人在长时间跨度下的摄像头数据，就能揭示其出行习惯。进一步地，若能获得此人在一年间在城市不同地点的摄像头数据，就可能分析出其生活和工作模式，如工作地点、上下班时间和常走路线等。再加上网购和银行交易数据，可以洞察其消费偏好和经济状况。这一系列从单一数据点到多维度数据的拓展，正是大数据从量变到质变的过程，这种转变使我们能够获取以往小数据中难以触及的信息。

大数据的应用广泛，它能帮助医生找到有效的治疗方案，协助银行筛选贷款客户，使商家深入地了解顾客需求，指导电影导演选择受众喜爱的演员，让算法工程师优化交通路线，助力教练制定更佳竞技策略，甚至帮助政治家洞悉社会关切点。

以旅游业为例，大数据能显著提升该领域的服务质量和经营效率，通过收集和分析游客在不同时间和地点的活动数据，旅游企业能够了解游客的行为模式，如最受欢迎的景点、高峰出行时间、消费习惯等。这样的信息有助于旅游服务提供商优化产品设计、改进服务体验、合理安排资源，甚至提供个性化的旅游建议。例如，通过大数据分析，旅游景区可以预测客流高峰，合理调配资源；酒店可以根据游客偏好提供定制服务；旅游平台能为不同用户群体设计符合其兴趣的旅游路线。

2. 数据科学的产生

大数据的崛起带来了数据科学这一新兴领域的诞生，标志着人们进入了一个数据驱动的时代。数据科学，作为一个交叉学科，汇集了统计学、计算机科学、信息科学和领域知识，专注于从庞大且复杂的数据集中提取有价值的信息。随着互联网和移动设备的普及，每天产生的数据量呈指数级增长，这些数据体量巨大，而且类型多样，包括文本、图片、视频和传感器数据等。数据科学的核心在于运用先进的分析技术和算法，如机器学习和人工智能，对这些数据进行深度挖掘，以揭示隐藏在数据背后的模式和洞察。其价值体现在多个方面，如通过分析消费者行为数据帮助企业做出精准的市场策略，通过分析健康数据为医疗服务提供个性化建议，甚至在城市规划和交通管理中通过数据分析优化决策过程。数据科学的发展不仅推动了商业模式的创新，也在各行各业引发深刻的变革，使得利用数据驱动决策成为新时代的标志。

3. 思维的变革

（1）不是随机样本，而是全体数据

大数据时代的来临促成了思维方式的根本变革，特别是在数据处理和分析的范畴。传统的数据分析依赖随机样本的抽取，以预测和推断总体趋势，但在大数据环境下，这种方法逐渐转变为对全体数据集的分析。这种全面性的数据处理能力意味着精确的见解和结论，因为它减少了由样本选择偏差所引起的误差，例如，在旅游业中，通过分析全体游客的数据，而不是仅限于一小部分样本，可以全面地理解游客的行为和偏好。这种从样本到全体的转变，既增强了数据分析的准确性，也拓宽了洞察的深度和广度。

（2）不是精确性，而是混杂性

传统数据分析强调数据的准确性和清晰性，但在大数据环境下，由于数据来源多样且规模巨大，包含了结构化和非结构化的信息，数据的混杂性成为常态。这种混杂性反而成为一种优势，因为它能反映真实的现象。例如，在旅游行业中，通过分析包括社交媒体评论、在线预订记录、位置数据等不同类型和来源的数据，可以获得对游客行为和需求的全面理解。从单一精确数据源向接收多样混杂数据的转变，使得大数据分析不再局限于传统的数据处理模式，而是开辟了新的视角和分析方法，提高了对复杂现象的认识和理解。

（3）不是因果关系，而是相关关系

大数据环境下数据量的巨大和多样性，使得传统的因果逻辑分析变得复杂且有时不切实际。在大数据分析中，重点常常放在识别和理解数据之间的相关性，而非深入挖掘其精确的因果关系，这种方法在许多领域尤其是旅游业中变得尤为重要。例如，在旅游行业中，通过分析游客的行为数据、购买习惯、在线评论等，可以揭示某些模式和趋势，如某个目的地在特定时间受欢迎的程度、特定类型的旅游产品的受欢迎程度等。这些相关性的发现，虽然不直接指出原因和结果，却提供了有价值的洞察，帮助旅游业者进行有效的市场策略规划和资源分配。

三、大数据中的应用技术

（一）Hadoop 分布式系统基础架构大数据平台

大数据技术的进步和应用正逐步推动着当今数字世界的发展。其中，Hadoop 大数据平台作为业界广泛采用的技术之一，以其并行处理机制和分布式程序开发优势，充分发挥集群计算能力，高效处理海量数据。Hadoop 的主要构架由两部分组成：HDFS 和 MapReduce。HDFS 提供了大规模数据存储的能力，而 MapReduce 负责对这些数据进行有效计算。

（二）NoSQL 数据库

NoSQL 这种非关系型数据库能处理大量数据，分为键值存储、列存储、文档型和图形四种数据库。键值存储数据库擅长处理高访问负载下的大数据，列存储数据库适合于分布式文件系统，文档型数据库更适合 Web 应用，而图形数据库专注于构建关系图谱，常用于社交网络和推荐系统。

（三）内存技术

内存技术通过在随机存取存储器（RAM）中存储数据而非传统的硬盘，显著提升了数据分析和处理速度。这项技术能够有效地处理结构化和非结构化数据，加快数据读取和处理速率，从而提高了处理大容量数据的效率。目前，云计算和分布式处理技术已经为大数据提供了坚实的技术支持，但随着大数据的不断普及和应用，仍需在巨量存储、精准分析和高效处理等领域不断进行技术创新。大数据时代的到来，意味着高效的数据处理方式和深入的数据分析方法正在形成，推动着各行各业的发展与变革。

四、大数据的处理流程

大数据的处理流程主要包括五个步骤，如图 5-2 所示。

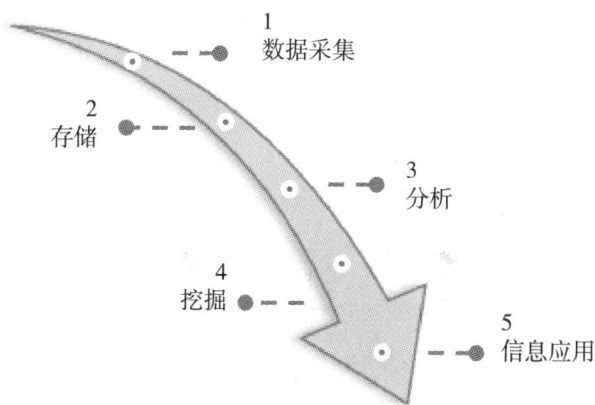

图 5-2　大数据的处理流程

（一）数据采集

在大数据的处理流程中，数据采集是关键的第一步。这一阶段涉及从各种来源系统收集和整合数据，包括社交媒体、交易记录、传感器、移动应用等。数据采集的目的是获取原始数据并将其转化为可用格式，为后续的分析和处理打下基础，有效的数据采集关乎数据的数量，更重要的是，保证数据的质量和多样性，包括确保数据的完整性，避免偏差，并从不同的渠道和平台收集数据，以形成一个全面、多维的数据集。在这个过程中，数据的实时性和准确性重要，因为它们直接影响后续步骤的效果，如数据清洗、存储和分析。

（二）存储

有效的数据存储既需要处理大量数据，还要确保数据的安全性和易访问性。随着数据量的不断增长，传统的数据存储方法变得不再适用，这就需要采用更为高效和可扩展的存储解决方案，这些解决方案通常包括使用分布式文件系统和云存储技术，如 Hadoop 的 HDFS（高度容储性的系统）和云存储服务，这些技术能够在多个服务器或云环境中分散存储数据，提高数据的处理速度和可靠性。同时，这些系统提供了强大的容错能力和数据冗余，以保障数据在任何情况下都不会丢失。大数据存储也需要考虑数据的结构化程度，因为不同类型的数据（如结构化数据、半结构化数据和非结构化数据）可能需要不同的存储方法和技术。

（三）分析

这一阶段的核心任务是从大量的数据中提取有价值的信息和洞见。利用先进的数据分析技术，如机器学习、统计分析和模式识别，分析师能够识别数据中的趋势、关联和模式。例如，通过分析社交媒体数据，企业可以了解消费者的偏好和市场趋势，进而做出精准的市场决策。在医疗领域，通过分析患者的大量健康数据，可以提前发现疾病的风险，并采取预防措施。此外，数据分析可以在金融领域用于识别欺诈行为，或在城市规划中用于改善交通流量。大数据分析的关键在于能够处理和解读巨量的数据，快速提供深度的洞见，为决策者提供支持。

（四）挖掘

挖掘涉及使用算法和统计模型来探索大量数据集中的模式和关系。数据挖掘的目的是从数据中发现有价值的信息，如隐藏的模式、未知关联、市场趋势和顾客偏好。这一阶段除涉及对数据的深入分析外，还包括预测未来趋势和行为的建模。例如，在零售行业，数据挖掘可以帮助商家理解客户的购买行为，进行个性化的产品推荐；在金融领域，数据挖掘可以用于探测异常交易模式，预防欺诈行为。数据挖掘的挑战在于如何有效地从大量复杂数据中提取有用信息，并将这些信息转化为实际可操作的洞见，它是大数据分析的一部分，但注重探索和预测，是企业和组织获取竞争优势的关键手段。

（五）信息应用

信息应用阶段是将分析和挖掘得到的洞见转化为实际操作和策略的关键步骤。这一阶段的核心在于如何有效地利用从大数据中提取出的信息，以指导决策制定、优化业务流程、增强客户体验或创新产品服务。例如，零售商可以利用客户购买数据来优化库存管理，个性化营销策略，或者设计新的产品线。在医疗领域中，医生和研究人员可以使用患者数据来改善治疗方案或开发新药。信息应用的目标是将数据转换为实际价值，提升组织的运营效率和竞争优势，成功的信息应用依赖对数据的深入理解、明确的业务目标和有效的数据管理策略。

第二节　大数据在旅游业中的应用

一、旅游业发展中应用大数据的意义

（一）增加旅游经济价值的路径选择

当今时代，旅游电子商务的迅猛发展为各类旅游初创企业提供了广阔的发展空间，也使得在线旅游服务行业呈现出产品细化、服务专业化和竞争激烈的态势。这一趋势对传统旅游业构成挑战的同时，也为新兴企业开辟了新机遇。面对市场竞争的挑战，运用大数据技术成为一条重要的发展途径。通过对大数据的深度分析，旅游企业能够洞察企业发展趋势、市场动态、消费者行为等关键信息，进而为企业制定发展战略、优化市场营销手段、选择未来的市场方向，实现商业价值的增长和运营成本的降低。

（二）优化旅游行业管理的得力工具

随着大众旅游时代的到来，一系列挑战如客流超负荷、交通拥堵、环境损害以及不文明旅游行为等问题日益凸显，这些问题不仅对旅游行业的发展构成了阻碍，也严重影响了游客的旅游体验。在这种背景下，大数据技术的应用显得重要。以敦煌莫高窟的文物保护为例，利用大数据技术，可以对莫高窟内部的客流量、温湿度、照明强度、氧气和二氧化碳浓度、壁画状态等进行实时监控，以发现和理解这些因素之间的相互关系，有效地为文物保护提供数据支撑。此外，大数据在旅游安全预警、交通调度、环境监控、资源保护、公共服务等多个方面都具有广泛的应用潜力。大数据技术的广泛应用，无疑将对提高旅游业的管理水平产生积极影响。

（三）提升旅游消费体验的技术支撑

旅游行业正在利用大数据技术来增强游客的消费体验，这主要体现在两个关键领域：一方面，旅游公司应用大数据为消费者提供定制化服务，例如，在规划旅行时，人们可能需要提前几个月甚至半年来搜索信息、规划行程和预订酒店，这个过程通常既耗时又烦琐，大数据的应用可以分析大量旅游者的消费数据，对消费者进行精准的营销和信息推送，从而简化旅游决策过程，同时，在酒店、景点和餐饮等方面，大数据助力企业改善消费环境。另一方面，旅游管理部门运用大数据在交通疏导、客流控制和安全预警等方面提供公共服务，为游客提供安全、舒适、便捷和智能化的消费体验。政府和企业的联合努力，将整体提高旅游消费体验的水平。

文化和旅游部在《关于促进智慧旅游发展的指导意见》中强调了旅游大数据的重要性，并提出了推进数据开放共享的具体要求。这包括改变旅游信息数据逐级上报的传统模式，推动旅游部门与企业间的数据实时共享；旅游部门需开放旅游行业发展的相关数据，建立开放平台，定期发布数据，并接受游客、企业和其他相关方的服务质量反馈；鼓励互联网和OTA企业与政府部门进行数据交换共享，以及促进旅游企业、航空公司等相关行业数据的实时共享，包括景区视频监控数据与国家智慧旅游公共服务平台的共享。如此一来，大数据在旅游业的应用和发展已成为时代趋势。

二、旅游业中大数据的类型

旅游领域的数据生成是一个持续且多元的过程，涉及多种渠道和来源。在互联网时代，旅游消费者的在线活动，无论是有意还是无意地，都在记录着个人的信息和数据。智能手机、平板电脑、智能手表等智能设备在使用过程中也不断产生数据。此外，旅游行业内部的设备如路由器、空调、饮水机等也在生成大量数据。同样，旅游业务中的商户使用的无线网络、银行的自助服务设备也是数据生成的来源。旅游者在社交媒体平台上的活动，如微博、微信、空间等，也是重要的数据来源，这些数据数量庞大，类型多样，因此对数据进行有效分类成为一项必要的工作。

（一）基于数据产生主体的分类

1. 个人数据

这类数据源自消费者和旅游者在旅游过程中的活动，包括在线浏览旅游产品信息的记录、对旅游产品的评价等。

2. 企业数据

旅游企业在运营和发展过程中产生的数据，如能耗数据、员工行为记录、产品特性、财务信息等。

3. 公共数据

在旅游业发展过程中产生并应向公众开放的数据，如旅游人次、旅游经济收入等。

（二）基于数据产生渠道的分类

1. 个人电脑（PC）终端数据

在使用个人电脑时产生的数据。

2. 手机终端数据

在使用智能手机等移动设备时产生的数据。

3. 其他感知和应用终端数据

例如，景区智能监控系统产生的视频记录数据。

（三）基于数据应用目标的分类

在大数据时代下，对旅游行业数据的分类和应用需根据具体目标来进行。例如，可以将数据细分为用于提升组织运营效率、加强旅游市场营销、改善企业发展环境等类别，这种基于应用目的的数据分类方法，既可以减少海量数据带来的干扰，有助于降低数据采集成本，确保数据的特定用途。

数据也可以根据其格式、载体、产生的空间等因素进行分类，但最终目的仍是更好地应用数据。根据不同的数据应用目标，进行针对性的数据收集、分析和挖掘，以实现数据的最大价值，是大数据环境下合理的选择。对有相应条件和能力的主体来说，进行大量样本的数据收集，以便存储、筛选和实时应用，同样是一种有效的方法。

在大数据技术的进一步发展中，数据的获取主要有两种方式：用户自主采集和数据购买。对于用户自主采集的情况，为了提高分析和预测的准确性，需要全面的数据支持，这就要求数据采集工具更加便捷、经济和自动化。总体来说，旅游大数据的来源可以既是线上的，也可以是线下的，除了传统的统计数据外，还包括来自互联网公司（如电子商务）的数据、通信运营商数据、银行保险服务商数据、智慧旅游数据等，这些数据的集成和应用，对于旅游行业的决策制定、市场分析和客户服务等方面都具有极大的价值。

三、大数据在旅游业中的功能价值

（一）推进旅游市场营销

旅游公司和目的地通过分析消费者和游客的大数据，能够深入了解旅游消费行为和活动模式，从而准确把握旅游消费者的心理和行为特点。例如，通过分析消费者在线浏览的旅游信息，如价格、类型、地域等，可以洞察游客的消费水平、旅游偏好和目的地选择，定制化推送产品和服务，实现精准的市场营销。

（二）促进旅游业的创新和创业

旅游业中的大数据来源广泛，包括网站访问记录、移动应用使用数据、物联网感知系统、人工采集的信息及游客反馈等。通过对这些数据的深入分析，可以揭示游客的需求和兴趣，通过商业创新来满足这些需求。大数据的深入分析和挖掘，为寻找新的商业机会提供了可能，有利于促进旅游行业的服务和体验的创新与升级。

（三）推动旅游企业的快速变革

在信息化社会快速发展的背景下，组织和企业的变革能力成为必需。旅游企业为了适应不断变化的社会环境、消费习惯和公众生活，需要不断进行变革，大数据的应用可以帮助旅游企业发现变革的方向。旅游企业中的大数据覆盖了员工行为、资源消耗、客户关系等方面，这些数据的变化反映了员工、消费者、产品、服务、效率等方面的情况，通过对运营效率、员工忠诚度、顾客满意度、产品受欢迎度等的实时监测，旅游企业可以得到科学的数据支持，以指导其变革方向和目标的设定。

（四）优化旅游业管理

长期存在的问题如交通堵塞和资源破坏一直是旅游业发展的难题，同时影响了游客的旅游体验。虽然旅游企业和目的地追求经济收益，但面临维护服务质量和游客体验的挑战，常常在服务质量和旅游体验下降的情况下仍需接待大量游客。使用大数据可以有效地解决这一难题，通过对客流量进行调节、交通指引、生态监测和视频监控等措施，实现可视化、智能化和便捷化的管理，加强对旅游企业和目的地的管理。

（五）提升旅游服务品质

在旅游行业中，游客的满意度是重要的。无论是旅游企业的市场推广、组织变革，还是目的地的行业管理和公共服务，最终目标都是通过提高服务质量来满足游客的需求，实现经济效益的增长。大数据在旅游业中的应用，一方面有助于旅游企业和公共服务的提升，另一方面直接受益的是游客本身。因此，提升旅游服务质量成为大数据在旅游业发展中的关键应用方向。

（六）推动智慧旅游发展

智慧旅游的构建既涉及智慧工具的广泛应用，还包括通过这些工具创造新的"智慧"，大数据是这一进程中的重要工具，也是知识的源泉。在智慧旅游的构建中，应用软件、无线网络、物联网终端、智能门禁系统、智慧客房和旅游网站等都提供了大量的数据来源，这些数据包括旅游消费和活动的相关信息。通过对这些海量的非结构化、半结构化和结构化数据的分析和挖掘，可以得出有价值的信息，为智慧服务、智慧管理、智慧商务和智慧营销提供科学支持。可以认为，大数据是智慧旅游发展的一个关键组成部分，其应用将推动智慧旅游的发展，实现旅游业的全面"智慧化"。

四、大数据在旅游业中应用的要点

在旅游业中应用大数据时，应当在以下八方面格外加强注意，如图 5-3 所示。

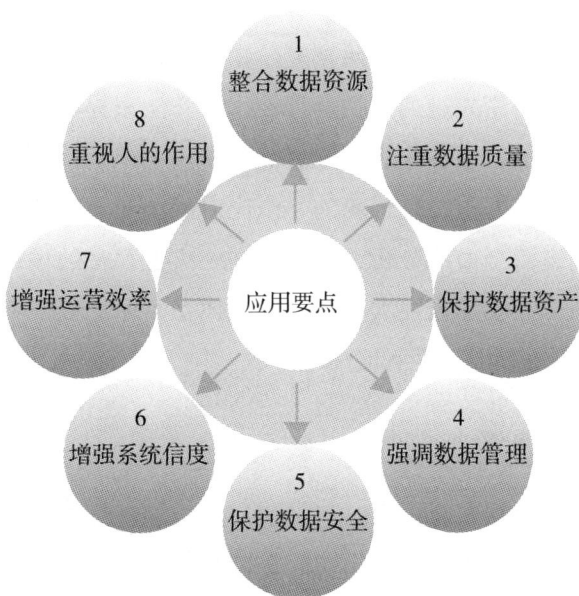

图 5-3　大数据在旅游业中应用的要点

（一）整合数据资源

整合数据资源意味着需要收集和融合来自各种渠道的数据，包括但不限于在线预订平台、社交媒体、移动应用、物联网设备以及顾客反馈系统等。通过整合这些多元化的数据资源，旅游企业能够获得全面视角，深入了解游客的行为模式、偏好和需求，这有助于提供个性化服务，也有助于预测市场趋势，优化产品和服务。例如，结合游客的在线行为数据和实地体验反馈，旅游企业可以设计符合客户期望的旅游路线和服务包，并对营销策略进行微调，满足不同客群的需求。此外，整合后的数据可以用于提高运营效率，如通过分析客流数据，优化旅游景点的人流管理和资源配置，减少拥堵和浪费。

（二）注重数据质量

①确保数据来源的可靠性，这需要对数据来源进行严格筛选，优先使用那些具有高信誉度的平台和工具，以确保收集到的数据准确无误。②实施定期的数据审核和清洗程序，以去除重复、错误或无关数据，保持数据集的整洁性和相关性。③采用先进的数据处理技术和算法来提高数据的处理效率和准确度，如使用机器学习算法进行数据分类和模式识别。④建立数据更新机制，确保所使用的数据始终是最新的，以应对快速变化的市场需求和消费者行为。⑤对数据进行全面的分析，识别数据中可能存在的偏差或不足，从而采取措施进行纠正。⑥建立强大的数据安全体系，保护数据不受外部威胁和内部滥用，确保数据的安全性和隐私性。

（三）保护数据资产

①建立强健的数据安全框架，包括使用高级加密技术来保护数据存储和传输过程中的安全。②实施严格的访问控制策略，确保只有授权人员才能访问敏感数据，以防止数据泄露或滥用。③定期进行数据安全培训，增强员工对于保护数据重要性的认识，并确保他们掌握必要的数据保护技能。④建立数据备份和恢复机制，以应对数据丢失或损坏的风险，确保业务的连续性和数据的可恢复性。⑤应用实时监控数据系统，检测并及时响应任何异常活动或潜在的安全威胁，以减少对数据资产的损害。⑥遵守相关的数据保护法规和标准，确保数据处理和管理活动符合法律法规的要求，以免因违规而造成的法律风险。

（四）强调数据管理

①建立一个综合的数据管理框架，包括数据收集、存储、处理和分析等各个环节的规范化操作，为此，采用高效的数据库和管理系统来存储大量数据，并确保数据的易访问性和可操作性。②对数据进行分类和标记，以便快速检索和分析，利用高级分析工具和技术来提取数据中的有价值信息。③实行定期的数据维护和更新，确保所有数据都是最新和最准确的，避免因过时或错误数据导致的决策失误。④建立数据质量控制流程，定期检查数据准确性和完整性，及时纠正错误和不一致。⑤通过制定和执行严格的数据共享和使用政策，确保数据的合法和合规使用，防止数据泄露或滥用。⑥持续监控和评估数据管理流程的效果，不断优化和调整策略以适应旅游业的不断变化和发展需求。

（五）保障数据安全

①实施强化的数据加密措施，对存储和传输的数据进行加密处理，以防止未授权访问和数据泄露。②建立严格的访问控制制度，确保只有授权人员才能访问敏感数据，从而最大限度地减少内部风险。③部署先进的网络安全防护措施，如防火墙、入侵检测系统和恶意软件防护，以防范外部网络攻击和威胁。④定期对数据安全系统进行审计和测试，确保其能够抵御新出现的威胁。⑤对员工进行数据安全意识和技能培训，使他们能够识别和应对数据安全威胁。⑥建立应急响应机制，以便在数据安全事件发生时能够迅速采取行动，降低损失。

（六）增强系统信度

①从数据源的角度出发，需要确保收集的数据具有代表性和广泛性，覆盖各个方面的旅游活动，这要求系统能够综合多渠道数据，如社交媒体、用户反馈、交易记录等，以获得全面的数据视角。②数据处理和分析的准确性至关重要，应用先进的分析技术和算法来确保数据分析的准确性和深度，包括利用机器学习和人工智能技术对大数据进行深层次挖掘和理解，以确保分

析结果能真实反映消费者行为和市场趋势。③持续对系统进行维护和优化，确保系统在处理海量数据时的稳定性和效率，包括定期更新系统硬件和软件，以适应不断增长的数据量和日益复杂的数据处理需求。

（七）提高运营效率

在旅游业中应用大数据以提高运营效率涉及几个关键环节：首先，数据的集成和分析对于识别运营中的效率瓶颈至关重要。通过整合来自不同来源的数据，如客户反馈、交易记录、在线行为模式等，旅游企业可以利用大数据分析工具深入了解运营中的各个环节，这种全面的数据视角使企业能够精确地定位到导致低效的具体原因，如顾客服务流程中的延迟或资源分配不均。其次，基于这些分析，旅游企业能够制定更加有效的运营策略，如优化客户服务流程、改进资源分配或者调整市场策略，这些策略能够显著提高员工的工作效率和客户满意度，从而提高整体运营效率。最后，大数据可以帮助旅游企业预测未来的市场趋势和消费者行为，使企业能够灵活地调整运营策略，以适应市场的变化，如通过分析消费者的预订习惯和偏好，企业可以提前安排资源和人力，以避免高峰期的资源浪费或不足。

（八）重视人的作用

尽管技术和自动化在处理和分析大数据方面起着决定性作用，但人的直觉、经验和判断力在解读数据、制定战略及执行决策中仍然重要。专业人员能够对数据分析结果进行深入解读，提炼出有价值的信息，并转化为实际的业务策略。此外，人力在监控和维护数据质量、处理异常情况以及调整数据模型以适应市场变化方面扮演着不可或缺的角色。因此，虽然大数据提供了强大的工具和洞见，但有效利用这些资源仍然需要有经验的专业人员来指导和实施，培养具有数据意识和分析技能的员工队伍，使他们能够在数据驱动的环境中做出明智决策，是旅游业成功应用大数据的重要组成部分。

第三节 大数据时代旅游业创新发展对策

一、大数据时代旅游业数据平台的创新

旅游业数据平台主要包括两大部分，即数据处理系统和数据支持系统，具体构成如图 5-4 所示。

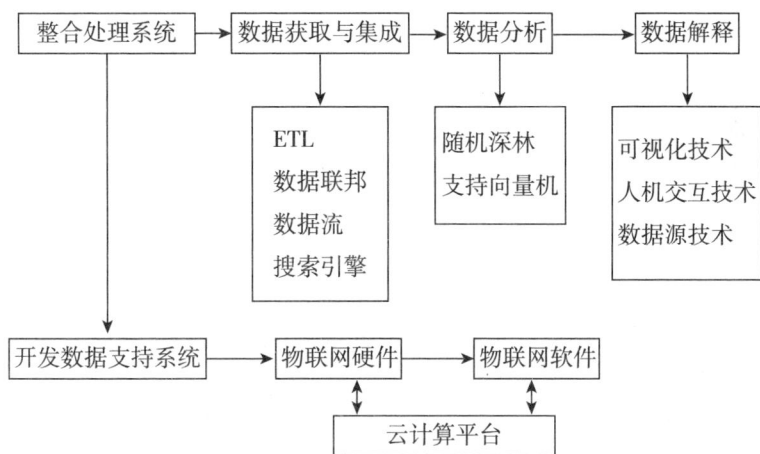

图 5-4 大数据时代旅游业创新平台的构成

（一）旅游业创新平台数据处理系统

在大数据时代背景下，旅游业的创新发展基础在于构建一个"人为核心"的，用户导向且开放多样的创新平台数据处理系统，这一系统的构建依赖适宜的大数据分析工具，它负责收集和整合来自多样化异构数据源的信息，这些信息对旅游企业的创新至关重要。系统将这些数据按照统一的存储标准进行组织，并运用先进的数据分析技术对其进行深入挖掘，以提取对旅游企业创新发展有价值的知识和信息。该系统主要涵盖三大子系统：数据的获取与整合、数据的深度分析以及数据的解释和应用，共同支持旅游企业在创新研发方面的需求。

1. 数据获取与集成

在当前大数据时代，旅游企业面临着数据管理和整合的重要挑战。核心任务是从多元化来源，如内部销售记录、市场动态及运营数据中提取关键信息，建立一个高效的数据汇集和整合系统，这是推动企业创新发展的基石。然而，多数旅游企业还停留在传统信息处理阶段，缺乏有效整合内部复杂数据的能力，导致研发团队面对杂乱无章的数据，无法有效开展旅游产品和服务的创新，进而影响创新成果的实现。在设计数据收集系统时，除了关注企业内部信息，旅游企业还需考虑供应链网络中的数据资源，这些外部数据对旅游创新同样重要。跨行业领域和个人数据资源也是不可忽视的创新信息源，这些数据往往具有高度碎片化和即时性，但在某些情况下，对于旅游创新极具价值，所以，旅游企业需分析这些数据的潜在价值，并考虑不同利益相关者的需求，以合法有效地利用这些信息资源。

由于数据来源多样，格式和内容各异，旅游企业在收集实时数据时需进行初步处理和编码，通过相关性分析和数据聚合后，再以统一的定义和结构进行存储。同时，对数据进行清洗和处理，以确保数据质量和可靠性。目前，在大数据获取和集成领域，主要采用的技术包括 ETL（Extract, Transform, Load）、数据联邦、数据流和搜索引擎等方法。这些技术的运用能够增强数据处理的效率，帮助旅游企业在激烈的市场竞争中取得优势。

2. 数据分析

这一系统主要处理从企业内外收集的各类数据，这些数据是分析活动的基础。面对来自不同源头的庞大数据量，旅游企业需根据具体需求选择相应的数据集进行分析。在大数据环境下，传统的数据分析手段已不足以满足旅游业的创新和研发要求，故需采用先进的分析工具。市面上存在众多大数据分析工具，每种工具各有所长，企业需依据自身需求进行精准选择。在众多分析算法中，随机森林和支持向量机算法在处理旅游行业数据时显示出了明显优势。

另外，对于数据分析结果的解释同样重要。分析结果的准确性固然关键，但如果缺乏有效的解释工具，最终用户和决策者可能难以理解，甚至误解分析结果，进而影响创新研发的进程。在海量数据的背景下，传统的小数据量解释方法已显不足。目前，大数据分析结果的解释主要依靠两种工具：一种是利用可视化技术，如标签云、历史流和空间信息流等，以直观的方式呈现分析结果；另一种是结合人机交互技术和数据源技术，让用户参与分析过程，帮助他们深入地理解数据分析的内涵，以便有效地应用于企业的创新研发活动。

（二）旅游业创新平台数据支持系统

旅游业的创新发展日益依赖物联网和云计算技术的融合。物联网技术通过连接网上的各种设备和个体，如传感器、控制器以及人员，成为旅游企业创新所需大数据的关键来源，这些连接的设备不断产生大量数据，为旅游业创新提供了丰富的信息资源。云计算技术为物联网提供了强大的数据处理能力，使得大数据的搜集、整合、分析和应用变得可行。这两种技术的结合为旅游业在大数据环境下的创新活动提供了坚实的基础。

在物联网领域，通过各种高级信息传感设备，如二维码扫描器、RFID设备、红外感应器、GPS和激光扫描器等，使得任何物体和个体都能够与互联网连接，实现智能化的交互和通讯。物联网的发展被视为继计算机和互联网之后信息产业的第三次重大变革。在旅游行业中，物联网的应用不仅限于提供数据，更在于通过创新的应用提升用户体验，这是物联网发展的核心驱动力。物联网的主要特点包括智能化、先进性和互联性，解决了物与物、人与物、人与人之间的互联问题。随着信息传感技术和通信技术的进步，能够产生和发送数据的个体和物体范围扩大，使得旅游企业能够收集到与创新相关的多样化和大量的数据，能够有效推动旅游业的创新发展。物联网和云计算的这种融合，为旅游业创新提供了强大的技术支持，使其能够在大数据时代中占据先机。

二、大数据时代旅游业四个层面的创新

（一）产品层面

1. 旅游产品个性化

大数据的应用使旅游企业能够深入分析旅游者的行为模式、偏好和历史数据，设计出符合个体需求的旅游产品。例如，根据旅游者的过往行程、评价和消费习惯，可以推荐符合他们个人口味的旅游路线、住宿和活动。这种个性化服务提升了顾客满意度，也增加了企业的市场竞争力，为旅游产品带来了新的生命力和创新点。

2. 旅游产品智能化

通过大数据分析，旅游企业能够准确预测旅游趋势，合理规划产品布局。例如，通过对特定目的地的客流量和消费模式的分析，企业能够设计出更符合市场需求的旅游套餐和促销活动。大数据还能帮助企业在旺季合理调整定价策略，实现更高的经济效益。通过实时监控旅游产品的反馈数据，企业能够及时调整和优化产品，确保服务的质量和效率。

（二）企业层面

在大数据背景下，旅游企业层面的创新体现在对业务模式的全面重塑。大数据不单是技术层面的革新，它更是一种全新的思维模式，促使旅游企业对其资源配置、技术应用和市场需求的理解发生根本变化。这种变化导致了对旅游企业的传统观念，如资源利用、价值创造、组织结构、业务关系和市场定位等的深刻重构。在互联网技术日益发展的今天，大数据的引入使得旅游企业的界限变得越来越不明确，企业开始重新审视和定义自身的业务范围，旅游企业在大数据时代的主要创新方向包括重塑顾客价值主张、优化内部组织结构、创新盈利模式以及改进与外部利益相关者的互动方式。这些创新举措使得企业能够灵活地适应市场的变化，开拓广阔的业务领域。

（三）行业层面

旅游业的行业层面创新显著体现在跨界整合的策略上。大数据的出现促使各企业的核心竞争力发生转变，同时基于大数据的交易能有效降低成本，这促使不同行业的企业在跨界合作中寻求在交易内容、机制和结构上的创新。企业边界的概念，即企业根据其核心能力在市场相互作用过程中形成的经营范围和规模，受到经营效率的影响。大数据技术改变了企业的业务能力和效率，推动了企业对其经营边界的重新定义，进而催生了旅游企业与其他行业的整合与融合。

利用大数据进行跨界经营的旅游企业能够解决行业内部的一些固有问题，并探索旅游业之外的新商机。如线上旅游公司的跨界经营，线上旅游公司是一个客户服务平台，更是一个集数据和技术于一体的综合平台，其业务范围广泛，能够通过提供免费服务给个人客户，收集到精确的游客信息，这些信息反过来又促使线上旅游公司的产品更加丰富多样，更具吸引力，从而提升公司的市场价值。线上旅游公司通过大数据的应用，一方面在传统的旅游服务上进行了创新，另一方面有助于开拓新的商业模式和市场空间，展现了大数据在旅游行业中的巨大潜力和多元化应用前景。

（四）产业层面

大数据的深入应用使得旅游业从传统的服务提供转变为数据驱动的产业。一是通过对海量数据的分析，旅游企业能够精准地预测市场趋势和消费者需求，进而有效地规划服务和产品，例如，通过分析游客的在线搜索和预订行为，旅游企业可以发现受欢迎的目的地、旅游产品和服务，进而调整供给，便于满足市场需求。二是大数据促进了旅游业内的协作和整合，各类企业如旅游服务提供商、住宿设施、交通运输和娱乐活动供应商能够基于共享的数据资源进行更有效的合作，共同创造丰富和多元化的旅游体验。三是大数据推动了旅游业的个性化和定制化发展，使得旅游产品和服务能够根据个别游客的特定需求进行调整和优化，提高顾客满意度。四是大数据在旅游业的可持续发展方面发挥着重要作用，通过对环境影响的数据分析，旅游企业能够采取环保的经营策略，推动绿色旅游的发展。

三、大数据时代旅游业全渠道综合创新

（一）全渠道运营与创新

随着线上线下旅游企业逐渐增加产品和服务种类，游客现在有机会通过多个渠道获取旅游相关信息和服务。这种全渠道的接触点改变了游客的选择习惯，也促使旅游企业从一个广阔的视角出发，创新他们的分销策略、定价模式和供应链服务。这样的全方位创新是为了更好地满足游客的需求，提升他们的整体满意度，企业必须灵活应对多样化的市场需求，通过综合线上线下资源，为游客提供便捷、高效和满意的旅游体验。旅游全渠道的架构，如图 5-5 所示。

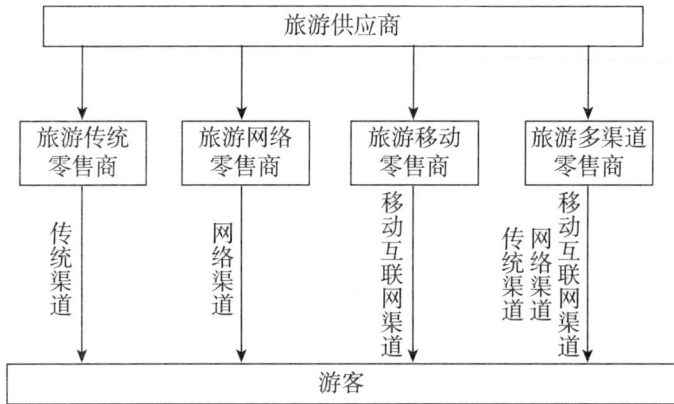

```
                        旅游供应商
      ┌──────────┬──────────┬──────────┬──────────┐
   旅游传统      旅游网络     旅游移动     旅游多渠道
   零售商        零售商       零售商       零售商
      │            │        移动          移动
    传统         网络       互          互
    渠道         渠道       联         联
                            网          网
                            渠          渠
                            道         道
                                      传统渠道
                                      网络渠道
      └──────────┴──────────┴──────────┘
                        游客
```

图 5-5　旅游全渠道的构成

传统的旅游零售商通过直接与游客互动，提供基本及附加的服务项目。然而，在大数据驱动的多渠道环境中，企业面临着基于游客需求、价格敏感度及各销售渠道服务标准的挑战。这种环境要求旅游企业在多变的市场环境中采用灵活的定价策略，包括实时动态定价和静态平衡定价，通过不断优化服务水平，实施全渠道服务创新，旅游企业可以有效地把握市场机遇，实现更好的业绩。

（二）大数据驱动下的旅游全渠道创新架构

要想实现大数据驱动下的旅游全渠道创新，就应当构建一个能够有效挖掘全渠道供应链中信息价值的新架构，如图 5-6 所示。

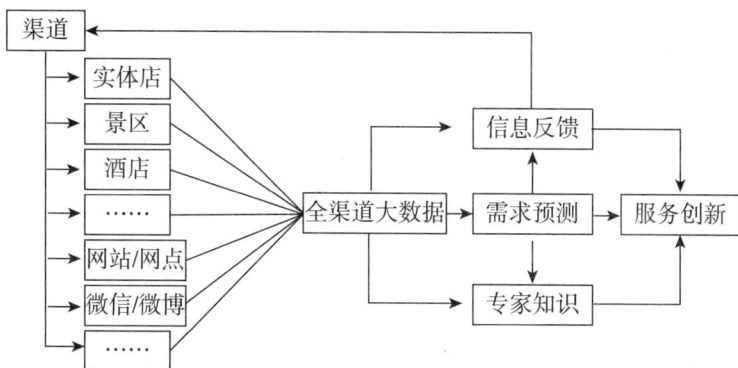

图 5-6 大数据驱动下的旅游全渠道创新架构

全渠道旅游创新所需的关键元素能够通过大数据获得。利用全渠道的大数据资源，旅游企业能够增强预测的准确性，制定出基于事实的科学决策，以更好地适应游客的需求。结合专家的先验知识和大数据，旅游全渠道创新能够高效地利用现有数据，从而加强服务创新的能力。这种结合既利用了大数据的广度和深度，又保留了专家知识的独特见解，为全渠道旅游服务的创新提供了一个全面和精准的参考框架。

（三）旅游企业全渠道综合创新过程

旅游企业全渠道综合创新过程是一个不断循环与改进的过程，主要流程如图 5-7 所示。

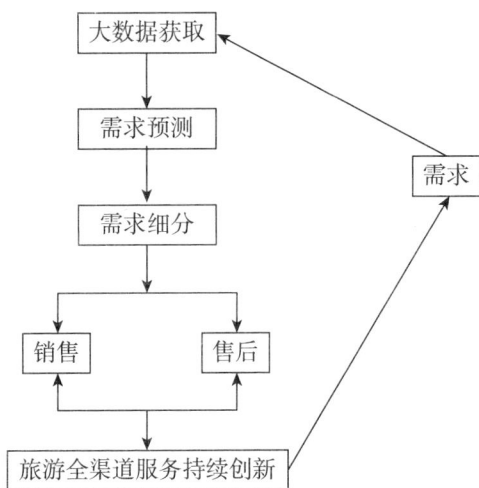

图 5-7　旅游企业全渠道综合创新过程

四、大数据与旅游产品开发众包

（一）大数据与网络众包

在大数据和互联网技术发展的背景下，众包模式已成为新的产品开发和服务创新趋势。通过互联网平台，企业可以将原本由内部员工完成的任务转交给网络上广泛的用户群体，从而开启了一种新型的项目合作模式。众包的本质是将特定的工作任务外包给网络上的广大用户，而这些用户可能是专业人士，也可能是非专业人士，他们自愿承担相关任务。

与传统的业务外包相比，众包有着明显不同的特点。传统外包通常是由企业与特定的专业团队或组织建立契约关系，而众包广泛开放给任何愿意参与的个人，众包任务既可以是个人单独完成的，也可以是多人协作的项目。这种方式使得问题提出者（即企业）在面对多种潜在的解决方案时，可以选择最符合需求的答案，并仅向选定的方案提供者支付相应酬金。众包的优势在于能显著降低企业的运营成本和中间环节费用，且仅需对选中的最佳解决方案支付较少的费用。

在大数据时代，众包模式为企业提供了一种有效利用互联网资源和集思广益的方式，帮助企业在产品设计和服务创新方面达到更高的效率和创新性。这种模式的推广和应用，既促进了企业内部创新思维的转变，也为企业与用户之间建立了紧密的合作关系，进一步推动了企业与市场之间的互动和融合。众包的开放性和灵活性，使其成为当今企业尤其是互联网企业不可或缺的一种新型运营模式。

（二）众包与旅游业创新

众包模式在旅游业中的应用为产品创新带来了全新的机遇。由于游客具有多样的文化背景，他们对旅游产品的需求也相应多样化。此外，旅游本身是一种文化体验的过程，它要求产品具有独特性和新颖性以满足游客的心理需求。众包的出现提供了一种新的途径，让拥有不同文化、教育和地理背景的人们参与旅游产品的设计，为产品创新提供了多元化的思维和灵感。

首先，众包为旅游产品设计吸引了来自不同领域和背景的设计者，突破了传统的单一专业或文化限制，在众包模式下，设计者不再受限于特定的专业领域或思维范围，能够从广泛的经验和智慧中汲取灵感，利用互联网用户的技能和知识，创造出具有创新价值的旅游产品。其次，众包创新的旅游产品贴近游客的实际需求，在众包的过程中，许多受欢迎的设计方案往往来自非专业人士，这些方案因为涵盖了跨文化、种族和地理的多样性，扩展了设计者的思维范畴，使得最终的产品设计更加完善且符合市场需求。再次，众包显著降低了旅游企业的研发成本，与传统的自主研发相比，众包所需的成本远低于自主研发的投入，为旅游企业节省了大量资源。最后，众包模式的运用打破了旅游设计中的权威主导模式，使得普通游客拥有了参与设计的机会，在这种模式下，无论是专业人士还是普通游客，都有机会提出自己的见解，而普通游客的方案可能更受问题提出者的欢迎。这种开放的参与方式能获得较大的市场宣传效应，还能探测市场对新产品和新业务的接受程度，有效降低市场风险。众包让旅游者和外部人员共同参与产品设计，创造了更多的创新机会，使旅游产品贴近市场和消费者的实际需求。

（三）旅游产品众包模式作用机制探讨

1. 动力源

旅游产品众包模式的动力源在于其创新的工作机制，它激发了广泛参与和创造性思维的发展。

第一，众包模式通过广泛吸纳来自不同背景的参与者，为旅游产品设计带来了多元化的视角和创意，这种多元性既包括地理、文化和专业背景的多样性，还包括不同年龄、性别和经济状况的多样性，这样的广泛参与为旅游产品的创新设计提供了丰富的灵感源泉，使得产品设计贴近市场和消费者的实际需求。

第二，众包模式激励了个人创新和自我表达的动力，在这种模式下，每个参与者都有机会展示自己的创意和专业技能，这种参与感和成就感是推动参与者积极贡献自己的想法和创意的重要动力，同时，该模式能激发个体的创造性思维，鼓励他们超越传统框架，提出更具创新性和实用性的设计方案。

第三，众包模式提供了快速反馈和持续迭代的可能，在此模式下，设计方案可以快速收集反馈，根据反馈进行调整和优化，这种迭代过程使得旅游产品能够快速地适应市场变化和消费者需求，增加产品的市场竞争力。

第四，众包模式通过提供一个开放的创新平台，降低了旅游产品创新的门槛，这使得除专业设计师外，普通消费者也能参与旅游产品的设计，促使旅游产品创新民主化和社会化。

2. 集聚效应

在旅游产品的众包模式中，集聚效应尤为明显，特别是从人才集聚的角度来看。众包作为一种开放式创新平台，其核心优势在于能够汇聚来自各地、各行业、不同文化背景的人才。这种人才集聚效应，对旅游产品的创新发展具有深远的影响。

第一，人才集聚为旅游产品的创新提供了广泛的知识基础和思维视角。在众包平台上，来自不同专业背景的参与者能够贡献各自的专业知识和独特见解，这些多元化的知识和经验结合在一起，能够激发更多创新的灵感和构想。例如，技术专家、市场营销专家、文化研究者和实际旅游者的合作，能够共同打造符合市场需求且具有文化特色的旅游产品。

第二，人才集聚促进了跨界合作和交流。在众包模式中，不同领域的专家和爱好者能够跨越传统行业界限，进行协作与交流。这种跨界合作不仅促进了新思想的产生，也为旅游产品创新提供了更多可能性。

第三，人才集聚带来了学习和提升的机会。在众包平台上，参与者之间的互动是知识和信息的交换，更是学习和启发的过程，这种相互学习和启发有助于提升参与者的专业技能和创新能力，提高整个众包平台的创新效率和质量。

第四，人才集聚有助于形成创新的社群文化。在众包平台上，共同的目标和兴趣能够将人们紧密地联系在一起，形成具有创新氛围的社群，以便有效地维持参与者的积极性和创造性，吸引更多新的参与者加入，形成良性的创新循环。

3.协同效应

旅游产品的众包模式中的集聚效应，特别是在组织或机构内外部创新者之间的沟通与协作方面，展现了显著的协同效应，即"1+1>2"的现象。这种效应在旅游产品创新过程中尤为重要，因为它涉及不同背景和专长的参与者之间的有效互动。

第一，众包模式通过提供一个共享平台，促进了组织内部和外部创新者之间的沟通。在这个平台上，来自不同地域、文化和专业领域的人们可以自由交流思想、分享经验和提出见解，跨界式的沟通拓展了参与者的视野，也为旅游产品创新带来了更多灵感和可能性。例如，一个地区的旅游服务提供商可能在众包平台上与国际设计师、当地文化专家和潜在消费者进行互动，从而共同开发出更具吸引力和创新性的旅游产品。

第二，众包模式中的协作机制能够实现资源和能力的互补，不同参与者根据自身的强项参与旅游产品的创新过程，形成有效的协作关系。例如，技术专家可以负责产品的技术开发，而市场专家可以提供市场趋势的分析，消费者可以提供真实的需求反馈，这种多方面的协作，能够整合各种资源和能力，实现协同效应，提升旅游产品创新的质量和效率。

第三，众包平台提供的是一个动态的、开放的创新环境，在这种环境下，参与者不断地加入和退出，带来新的观点和想法，这种动态性使得创新过程更加灵活和适应性强，能够迅速响应市场变化和消费者需求的演变。

众包模式能够促进知识的共享和传播，在共同开发旅游产品的过程中，参与者之间的交流和合作促成了知识的积累和共享，有助于提高创新的质量，也加速了新知识和新技能的传播，提高整个旅游业的创新能力。

（四）大数据驱动下旅游产品设计与创新众包的对策

在大数据驱动下，旅游产品设计和创新的众包对策需要综合考虑多方面，以确保既利用好大数据的潜力，又能充分发挥众包的优势。

1.数据分析和挖掘

通过运用大数据技术，旅游企业能够深入分析游客的行为习惯、偏好和消费模式。具体来说，这种分析涉及对旅游目的地流行趋势的追踪，如哪些地点正在变得流行、游客喜欢什么样的活动或景点。通过对游客的搜索和预订数据进行分析，可以揭示他们的偏好和行为模式，如他们倾向于文化体验还是休闲放松，偏爱自由行还是团队旅行。大数据分析还能够帮助企业预测不同市场细分领域的需求，这对设计满足特定市场需求的旅游产品和服务很重要。例如，针对家庭旅游市场，企业可以通过分析这一细分市场的特定需求和偏好，设计适合家庭游客的旅游套餐和服务。

2.用户参与度提升

旅游企业应当鼓励更多用户，特别是那些拥有独特旅游经验和丰富文化背景的人们，参与众包平台，这可以通过利用社交媒体、在线论坛和其他数字平台来实现。在这些平台上，企业可以发布关于旅游产品创新的挑战和征集活动，激发用户的创造力和参与热情。

3. 众包平台优化

优化众包平台对激发和维持用户参与旅游产品创新重要。①提升用户体验和操作便捷性需要对平台的界面设计进行精心规划，使其直观、易用，同时兼具吸引力，这意味着清晰的布局、简洁的指引和视觉吸引的元素需要被巧妙地融合在平台设计中。②确保技术支持的健全性是维持平台稳定运行的关键，包括但不限于流畅的平台响应、高效的数据处理能力以及及时的技术故障排除。③简化项目提交和评审流程，以减少用户参与过程中的复杂性和时间成本，提升整个众包过程的效率，例如，设置直观的上传界面、明确的指导步骤和快速的反馈机制，都是优化众包平台的关键措施。

4. 激励机制设计

①金钱奖励作为一种直接的激励手段，可以激发参与者的积极性，尤其是对于那些提供了高质量和创新性设计的贡献者。②公开的认可和表彰也是重要的激励方式，它不仅给予了参与者荣誉感，还提升了他们在同行和社会中的声誉。③提供职业发展的机会，如提供实习、培训或者进一步合作的可能，可以吸引那些寻求职业发展的创新人才。这些激励措施确保众包参与者感到他们的努力和创意被重视，并获得相应的回报。

5. 跨界合作

通过与科技、文化和娱乐等其他行业的合作，旅游企业能够引入这些领域的独特视角和创新方法，为旅游产品的设计和创新注入新鲜血液。例如，与科技行业的合作可以引进最新的技术，如虚拟现实或增强现实，为游客提供更加沉浸和刺激的旅游体验；与文化行业的合作能够帮助挖掘和利用当地的文化元素，创造具有地域特色的旅游产品；与娱乐行业的结合可以将旅游与娱乐活动相融合，创造更具吸引力的旅游项目。

6. 质量控制和筛选

对众包提交的设计进行严格的质量控制和筛选。设立明确且具体的评审标准，确保每一个被选中的设计既符合市场需求，也与企业的战略目标和品牌形象保持一致。评审标准应涵盖创新性、实用性、市场潜力、用户体验和文化相关性等多个方面。考虑到众包的开放性质，需确保设计的可行性和合规性，避免法律和道德风险。进行质量控制时，可以组建由内部专家和行业专家组成的评审团队，他们对市场和技术趋势有深入了解，能够从专业角度进行评估。而建立有效的筛选流程，如初步筛选、详细评估和最终选择等，可以保证评审过程的公正性和高效性。

7. 数据安全和隐私保护

首先，采用加密技术是保护数据安全的基本手段，它能有效防止数据在传输过程中被截获或篡改，对于存储的数据，应使用安全可靠的加密方法确保其在数据库中的安全。其次，需要实施严格的数据访问控制，确保只有授权人员能够访问敏感数据，避免内部数据泄露风险。再次，建立和维护一个全面的数据保护政策，明确规定数据的收集、使用和分享的范围和方法，以确保符合相关法律法规，特别是隐私保护规定。针对用户隐私保护，应向用户明确通报其数据如何被收集和使用，并提供选择退出的选项。在众包平台上，应用透明度高的隐私政策，使用户清楚了解自己的数据如何被处理。最后，定期进行数据安全审计和隐私合规性评估，确保数据处理活动始终符合最新的安全标准和法规要求。

8. 持续追踪和反馈机制

建立一套反馈和评估机制，包括定期的项目效果评估、市场反应监测和用户反馈收集。①对于众包项目完成后的成果，需要通过市场表现和用户接受度来评估其实际效果，这涉及对产品销量、用户满意度、媒体反响等多个方面的监控和分析。②定期收集用户反馈，无论是通过在线调查、社交媒体互动还是直接的客户反馈，都是评估产品表现和收集改进意见的重要途径。③实时追踪市场动态和消费者趋势，可以帮助企业及时调整和优化产品设计，确保产品能够满足市场的最新需求。④对众包参与者的反馈和建议进行分析，也是不断优化众包机制和提升产品创新质量的关键。⑤基于这些反馈和评估结果，企业应制定相应的调整措施，如改进产品设计、调整营销策略或优化众包流程，以提高产品的市场竞争力和用户满意度。

第六章　智慧旅游新业态创新发展

第一节　智慧景区新业态

一、智慧景区的内涵

在当代旅游业的发展中，智慧景区作为一种新兴的服务模式，正日益成为景区服务的新标准，这种智慧服务主要涉及智慧旅游的预订、体验、营销、管理以及经营等方面。智慧景区的信息管理系统，作为其服务的核心，依赖先进的技术集成，如智能传感器、无线网络、物联网、地面观测传感网、导航定位系统，以及云计算、大数据、地理空间信息技术的综合应用。这些技术的结合使得景区能够高效地处理和管理涉及游客信息、设施设备、安全监控、射频识别、红外感应等方面的大量数据。

智慧景区的信息管理系统不只是数据的收集和存储工具，它还将这些数据以直观、清晰的方式呈现给管理者，为景区运营的各项决策提供强有力的数据支持。智慧景区的实现基于物联网和云计算构建的智慧环境系统，这一系统在数据感知、传输和应用三个层面为游客提供了全面的智慧旅游服务。其中，底层的感知层主要负责数据的采集，由各种自动监控设备和传感器组成，实时收集环境信息和监测数据，包括视频信息；中层是以网络技术为主的数据传输层，保证数据的高效流通；最上层是云计算平台，作为系统的数据中心和服务中心，它既存储了基础数据、监测数据、视频监控数据、统计分析数据和政务数据等，还实现了数据的整合和共享。

智慧景区的这种多层次、集成化的技术应用极大地提高了景区管理的效率和效果，使景区服务变得智能化、个性化和便捷化。它为游客带来了满意的旅游体验，也为景区管理带来了更高的效率和更好的决策支持，展现了现代科技在旅游业中应用的巨大潜力。

二、智慧景区的功能

（一）旅游服务的智慧

在智慧景区的构建中，游客的旅游体验和品质得到了信息技术的显著提升。智慧景区的核心在于从游客的视角出发，利用先进技术在游客获取信息、规划旅程、预订产品、享受旅行以及事后评价的整个过程中提供全面服务。具体来说，智慧景区通过有效的信息管理系统使游客能够轻松获得所需的旅游信息，从而便利地规划和决策自己的旅游行程。此外，通过物联网、无线通信、定位及监控技术的整合应用，智慧景区实现了信息的实时传递和交换，大大提高了游客旅行过程的流畅性、舒适度和满意度，为游客提供了更好的安全和品质保障。

智慧景区的这一系列技术应用既改善了游客的旅游体验，还推动了旅游消费方式的现代化转变。它引领游客形成新的旅游习惯，如利用移动设备进行实时导航、电子支付和社交媒体分享，这些新习惯促进了新的旅游文化的形成。可以说，智慧景区的建设一方面代表了旅游服务质量的提升，另一方面象征着旅游业向着智能化、个性化和现代化的方向发展，为旅游者带来丰富、高效、安全的旅游体验。

（二）旅游管理的智慧

智慧景区的发展标志着旅游管理方式从传统模式向现代化、智能化的转变。这种转变主要通过信息技术的应用实现，使得景区管理能够实时、准确地掌握游客活动信息和企业经营数据。借助于此，旅游监管可以从过去的事后处理和被动响应，转变为实时的过程管理和主动控制。智慧景区的一个重要特点：通过与公安、交通、工商、卫生和质检等相关部门的信息共享和协作，建立起一套有效的旅游预警和预测机制，提高应急管理的能力，保障旅游安全。

此外，智慧景区对旅游投诉和质量问题的有效管理，有助于维护良好的旅游市场秩序。智慧景区依托信息技术，主动收集和分析游客数据，全面了解游客的需求和意见，以及旅游企业的运营信息，实现精准决策与管理。智慧景区还鼓励旅游企业广泛应用信息技术，改善经营流程，提高管理水平，通过这种方式，旅游产品和服务的竞争力得以增强，加强了游客、旅游资源、企业和旅游管理部门之间的互动，有效整合旅游资源，推动了整个旅游业的发展。

（三）旅游营销的智慧

在旅游营销方面，智慧景区通过对旅游舆情的监控和数据分析，能够发掘旅游热点和游客兴趣点，指导企业策划相应的旅游产品和营销主题。这推动了产品和营销的创新，还通过量化分析来选择效果明显、可持续合作的营销渠道。智慧景区充分利用新媒体的传播特点，吸引游客主动参与旅游的传播和营销，通过不断积累游客数据和旅游产品消费数据，逐步形成了具有高度影响力的自媒体营销平台。通过这些智慧化的手段，智慧景区在提升旅游体验的同时，为旅游行业的整体发展带来了新的动力。

三、智慧景区建设的必要性

（一）信息技术发展的需要

随着互联网、物联网、云计算、大数据、人工智能等信息技术的进步，现代旅游业正面临着转型升级的需求，这些先进的技术为旅游业提供了新的工具和手段，也为改善游客体验、提升景区管理效率和促进旅游产业的可持续发展提供了可能。利用这些技术，智慧景区能够实现对游客行为的实时监控和数据分析，优化旅游路线规划，提升安全管理水平，实现高效的资源利用和精细的市场营销。此外，随着游客对旅游体验质量要求的提高，传统的旅游管理方式已难以满足其个性化、多样化的需求。所以，智慧景区的建设不仅是顺应信息技术发展趋势的必然选择，也是提升旅游业竞争力、实现旅游业创新发展的关键举措，通过智慧景区建设，可以更好地融合信息技术与旅游服务，为游客提供丰富、便捷、安全的旅游体验，同时推动旅游业的整体发展。

（二）打破"数字景区"建设瓶颈的需要

传统的数字景区建设往往局限于基础的数字化应用，如简单的在线票务、基本信息的电子展示等，缺乏深度整合和智能化处理，随着技术的发展和游客需求的变化，这种传统模式已不能满足现代旅游业的需求。智慧景区的建设通过整合物联网、大数据分析、云计算、人工智能等先进技术，实现对景区运营的全面智能化管理和对游客体验的深度优化。这样一来，既提升了景区的管理效率和服务质量，又为游客提供了更加个性化、互动化的旅游体验。智慧景区能够对游客行为进行实时分析，提供个性化推荐，优化游客流量分布，提高安全管理水平，能有效地保护和利用景区资源。

（三）景区可持续发展的需要

旅游景区的可持续发展涉及生态系统的保护、经济的持续增长和社会福祉的提升，这三者相互依存、相互作用。其中，景区的生态系统的健康直接影响经济的可持续发展，进而影响社会的稳定和繁荣。然而，景区的生态保护与经济发展之间往往存在矛盾和制约，需要通过智慧景区的技术和手段来有效平衡，智慧景区能够及时收集和分析关于植物、动物、气候和游客行为等重要信息，为管理者提供准确的数据支持，帮助他们做出科学合理的决策。为了实现旅游景区的可持续发展，建立一个规范化、高效率、有序的信息化架构至关重要。优化业务流程、构建具有创新能力的管理团队和建立融合多方优势的战略联盟也是实现这一目标的关键，通过这些措施，智慧景区在保护生态环境的同时促进经济发展，在广泛的社会层面实现可持续性发展，确保旅游景区在环境保护、经济增长和社会福祉之间找到平衡点。

四、智慧景区的架构

智慧景区的概念正在现代旅游业中日益成为一种新的趋势，它包含了一系列的高科技应用，旨在提升游客的旅游体验和景区的管理效率。智慧景区通过虚拟实景技术的应用，结合富媒体元素，为游客提供了一种沉浸式的旅游体验，游客可以通过多种设备，如智能手机、电脑或景区内的互动信息屏，访问相关景区的虚拟现实内容，在不踏出家门的情况下就能预先体验景区的风采，这增强了他们的感官认知，也激发了对实际旅游的兴趣。基于无线位置服务和电子地图，智慧景区能够提供实时的导航和旅游指南，这些服务帮助游客在到达和游览景区时，能够轻松获取行程规划、景区实时状态、紧急救援等信息，极大地提升了他们的旅游便利性和安全性。此外，智慧景区中的智能化管理系统，涵盖了景区的营销推广、门票在线销售、活动策划、舆论监控及数据分析等功能，实现了景区管理的自动化和智能化。

智慧景区的核心在于综合运用传感网、物联网、互联网、云技术和空间信息技术，构建起一个集成化的服务平台。这个平台能够全面、系统、及时地监控景区的资源环境、基础设施、游客活动、灾害风险和服务状况，实现景区管理的可视化。通过这种高度集成的技术应用，智慧景区能够提高信息的采集、传输、处理和分析的自动化水平，实现综合、实时、交互和精准的信息化管理，达到可持续发展的旅游管理目标。这种智慧景区的构建既提高了游客的体验质量，也为景区管理带来了革新，使其高效、智能和现代化。

在构建智慧景区时，考虑的使用对象不应局限于游客，还应包括景区内的居民和相关旅游机构，以确保满足这些不同群体的特定需求，这种全面的考虑使得智慧系统能提供人性化体验。随着智慧旅游终端设备的多样化，如笔记本电脑、平板电脑、智能手机及互联网电视等，智慧景区需要兼容这些不同的设备，确保游客和其他用户能够方便地通过不同设备接入服务平台。

智慧景区的门户设计也需统一，无论是互联网门户、手机微门户还是多媒体门户，都应实现内容和服务的一致性，使用户无论通过哪个渠道访问，都能获得相同的信息和体验。智慧景区的建设是一个包含多个层面的复杂系统工程，它需要综合运用现代信息通信技术，将这些技术与科学管理和现代服务相结合，实现数据服务与业务流程的有效融合，以促进各系统间的相互通信和协作，使得数据交换顺畅，全面提升景区的管理和服务水平。

借鉴杭州市智慧景区的建设经验，智慧景区的整体建设通常分为四个层面：面向景区的基础设施建设层，涵盖了景区内部的基本建设和设施；面向旅游管理的应用层，着重于提高景区管理的效率和效果；面向公众服务的应用层，关注于提供给游客和居民的各类服务；面向旅游营销的应用层，用于推动景区的市场推广和营销活动（表6-1）。这种分层次的建设方法确保了杭州市智慧景区的各个方面都能得到有效应用，最终实现一个综合、智能、高效的智慧旅游环境。

表6-1 杭州市智慧景区建设的应用层次

框　架	应用系统
面向景区的基础设施建设层	景区网络基础设施建设，包括物联网、互联网和内部网等；景区数据中心建设，包括云服务、数据库和数据仓库等
面向旅游管理的应用层	景区旅游指挥调度服务中心、景区电子门禁票务管理系统、智能视频监控系统、客源地统计分析系统、游客实时分析与智能疏导系统、景区客流预测与预警系统、景区巡更巡检系统、景区应急管理及紧急救援系统.景区交通（车、船等）调度系统、景区内部办公系统、景区灾害监测与应急系统、景区生态预警系统、景区智能停车导引系统、景区智能无线集群呼叫定位系统
面向公众服务的应用层	景区综合电子商务系统、移动终端自助服务系统、12301旅游热线服务系统、混合现实虚拟漫游系统、多语言版本门户网站集群系统、多媒体互动屏展示系统、个性化专属行程定制系统、全程互动分享评价系统、信息主动推送服务系统、社交媒体互动服务系统

框　架	应用系统
面向旅游营销的应用层	景区自媒体营销系统、景区竞争力分析与提升系统、景区旅游舆情监控分析系统、景区旅游营销效果评价系统、门户网站服务系统、分销渠道管理系统

五、智慧景区建设要点

（一）景区网络基础设施建设

智慧景区建设的关键之一是景区网络基础设施的建设，这是实现智慧旅游服务的根本前提。强大且稳定的网络基础设施对于智慧景区至关重要，它需要覆盖整个景区，还需保证高速且可靠的数据传输，确保无论是景区内的管理系统还是游客的移动设备都能够顺畅接入网络，这涉及高效的宽带连接、强大的无线网络覆盖以及可能的 5G 技术应用，以支持大数据传输和智能设备运行。网络基础设施的建设还应考虑安全性和数据保护，采取先进的加密技术和安全协议，防止数据泄露和网络攻击，保护游客隐私和景区的商业秘密。除此之外，景区网络基础设施还需支持各类智慧旅游应用的顺畅运行，包括但不限于在线导览系统、实时监控系统、智能分析平台等，这些应用能够提升游客体验和景区管理效率，使景区运营更加智能化和高效。

（二）景区数据中心建设

景区需要根据其业务需求和应用场景，规划并建立一个适宜规模的数据中心，这个中心除包括必要的数据库资源外，还需有适宜的运行环境和先进的数据处理及应用模式。另外，数据中心的建设应涵盖统一的数据采集标准、持续有效的旅游信息采集机制，以及可靠的数据维护体系，这些机制和体系的建立，旨在确保数据的质量和可靠性，支持景区的智慧化运营。技术层面上，数据中心的建设应聚焦于多个关键技术领域，包括但不限于利用 3D 地理信息系统（GIS）技术进行数据处理。数据共享机制的应用技术也是重要的，能解决数据交换和共享中遇到的问题，确保不同部门和系统之间的信息流通。

（三）景区网页和办公自动化系统建设

景区网页的建设需要着重于提供一个用户友好的界面，同时集成高效的信息管理系统，这个网页应该包含全面的景区信息，如景点介绍、游览指南、活动信息、票务服务等，同时应该具备高效的在线交易处理能力，以满足游客的线上预订、支付等需求。景区网页应该提供实时的客户服务，如在线客服、智能聊天机器人等，以便快速响应游客的咨询和解决其问题，这些功能的整合能够提升游客的体验，为景区带来高效运营和管理。

办公自动化系统应该涵盖各种业务流程，包括但不限于资源管理、人力资源管理、财务管理、客户关系管理等。办公自动化系统需要具备强大的数据处理能力，能够对大量的业务数据进行收集、存储、分析和处理，以支持管理决策。此外，这个系统应该支持内部的协同工作，如文档共享、项目管理、通讯联络等，以提高工作效率和团队合作。系统还需确保数据安全和隐私保护，采用先进的安全技术来防止数据泄露和未经授权的访问。通过建立一个全面、高效且安全的办公自动化系统，智慧景区能够实现精细化和科学化管理，为提升整体运营效率和服务质量奠定坚实基础。

（四）电子商务与票务系统建设

一个先进的电子商务平台应该为游客提供一个全面、便捷、安全的在线购物体验。这意味着平台要提供详尽的产品信息，如门票种类、价格、使用说明等，还要提供一个易于导航和使用的界面设计。为了确保交易的安全性，电子商务平台需要采用最新的支付技术和安全措施，包括但不限于安全的支付网关、数据加密技术以及防欺诈机制。电子商务系统还应该具备强大的后台数据分析功能，能够对用户购买行为、偏好趋势进行分析，从而支持景区的市场营销和产品优化。

至于票务系统的建设，它应该与电子商务平台紧密结合，实现无缝的票务处理和验证流程。一个高效的票务系统不仅能够处理在线和现场购票，还能够支持多种票务类型，如电子票、纸质票、年卡等。系统还应具备高效的入园验证机制，如二维码扫描、RFID 识别等，以加快入园流程，提高入园体验。系统需要能够与景区内的其他管理系统如客流监控、设施管理等进行数据共享和协作，以支持整体的景区运营管理。

（五）景区灾害监测与应急机制建设

高效的灾害监测系统是智慧景区的基石，它需要利用先进的技术，如地理信息系统（GIS）、遥感技术、物联网传感器等，实时监测景区的关键区域和潜在危险点，这包括山体滑坡、洪水、火灾以及其他自然灾害的监测。通过这些技术，景区管理者可以实时了解景区的安全状况，及时发现潜在的风险，并采取预防措施。灾害监测系统还应与气象预报系统紧密结合，提供准确的天气信息，预测可能的自然灾害，以便景区提前做好准备。

在灾害应急机制方面，智慧景区需要建立一套完善的应急响应和处置流程，包括制定详细的应急预案，明确各种灾害情况下的应对策略和流程。景区还需要建立一个多渠道的紧急通信系统，包括公共广播系统、移动应用通知、社交媒体平台等，以确保在紧急情况下能迅速通知游客和工作人员。对员工进行定期的应急培训和演练也非常重要，以便提高他们的应急处理能力和协调能力。景区还应配备必要的应急设备和物资，如救生设备、急救包、疏散指示标志等，并确保这些设备和物资随时可用。

（六）高峰期游客分流系统建设

在智慧景区建设中，建立有效的高峰期游客分流系统是解决游客拥挤和提升游客体验的关键。智慧景区需要通过集成高级数据分析和实时监控技术，如人流监控系统和预测分析软件，来精确掌握游客流量和分布情况，这些系统可以实时追踪不同区域的游客密度，并通过分析历史数据预测未来的游客流量趋势。基于这些信息，景区管理者可以制定科学的分流策略，如在游客密集区域设置限流措施，或者在人流较少的时间段提供折扣和特别活动以吸引游客。

智慧景区还需开发和部署智能导览系统，如通过移动应用提供基于位置的服务和建议路线，引导游客前往人少的区域或推荐最佳参观时间。景区也可以利用数字标牌和互动信息屏等技术手段，实时更新游客流量信息和推荐路线，帮助游客做出合理的游览决策。

（七）战略联盟

战略联盟应涵盖旅游景区与各种机构和企业的合作，包括科研院所、研究机构、非政府组织、酒店业、旅行社、航空公司以及 IT 企业。通过签署合作协议，各方在资源共享、优势互补、风险共担以及在多个层面的资源流动方面达成一致。这样的战略联盟能节约成本、整合资源，还能有效降低运营风险，增强景区的整体竞争力。并且该合作模式也是解决智慧景区建设过程中可能遇到的资金短缺、技术挑战和人才需求的有效途径。

在构建战略联盟时，旅游景区需要谨慎选择适合的合作伙伴，确保其战略目标和景区的发展方向相符，建立联盟后，进行有效的动态管理很重要，包括定期评估合作效果、协调成员间的利益关系，以防止内部竞争和目标偏差的问题。在多方合作的基础上实现高效发展，推动旅游景区的创新和升级，为游客提供丰富和智能化的旅游体验。

（八）危机管理

危机管理涉及多方面的细致规划与执行，主要包括：

1. 预防与风险评估

危机管理的首要步骤是识别潜在风险并采取预防措施，包括对景区内可能发生的各种突发事件进行全面评估，如自然灾害（洪水、地震、山体滑坡）、火灾、恐怖袭击或其他安全事故。智慧景区需要利用高科技手段，如物联网传感器和监控系统，实时监控景区的安全状况，早期识别风险因素。同时，通过数据分析，景区管理者可以预测并规划应对策略，从而提前制定有效的预防措施，如改善基础设施、加强安全巡查、提供充足的应急设备和物资。

2. 应急响应计划

在识别风险之后，智慧景区需要制定详细的应急响应计划。关于应急策略上文已经进行详细介绍，此处不再赘述。

3. 事后恢复与评估

危机发生后，景区需要有一个清晰的恢复计划，以尽快恢复正常运营，并减轻事件对景区声誉的长期影响。这包括及时修复受损的设施，提供心理辅导和支持给受影响的游客和员工，以及与媒体和公众有效沟通以重建信任。事后还应对危机应对过程进行全面评估，分析其有效性和存在的不足，以此为基础不断完善危机管理策略和计划。

第二节　智慧酒店新业态

一、智慧酒店的内涵

智慧酒店作为酒店业在信息技术革新浪潮下的产物，融合了物联网、云计算、移动互联网等尖端科技，致力于打造一个高效、便捷、智能的住宿体验。尽管在学术和行业界对智慧酒店的定义尚无统一标准，但其核心理念和功能已逐渐清晰。例如，2012 年北京市出台的《北京智慧饭店建设规范（试行）》和同年北京市旅游发展委员会的定义，以及 2013 年文化和旅游部发布的《饭店智能化建设与服务指南》，均为智慧酒店的概念提供了基础框架。

智慧酒店的目标在于通过现代信息技术，如物联网和云计算，实现酒店运营的自动化和智能化。这包括但不限于将酒店内部各类信息进行自动感知、及时传递，并通过数据挖掘和分析，优化酒店的六大核心要素，即入住、餐饮、休闲、娱乐、购物和交通。这种集成化的信息系统提高了酒店运营的效率和安全性，极大地增强了旅客的入住体验。

在技术应用层面，智慧酒店利用物联网技术对酒店的物理环境进行全方位监控，实现环境的自动调节和安全监测，同时通过云技术优化数据存储和处理。移动互联网技术的应用，特别是通过移动设备，如智能手机和平板电脑，使得旅客可以随时随地接入酒店服务，享受到线上预订、支付、咨询等便捷服务。此外，智慧酒店还构建了智慧营销平台，将线上与线下服务无缝连接，为旅客提供个性化、多元化的服务体验。

智慧酒店的概念不局限于技术的应用，更关键在于它所带来的管理模式和服务方式的革新，这种创新提升了酒店资源的利用效率，满足了消费者对个性化、高品质服务的需求。通过网络化、信息化和数字化的综合应用，智慧酒店实现了酒店管理的智能化，从而成为信息技术与酒店业融合创新的典范。简而言之，智慧酒店代表了酒店业向更加智能、高效和客户友好方向的重要转型。

通过上述内容，笔者认为智慧酒店的内涵可概括为以下几点。

第一，智慧酒店构筑了一个将现代化信息技术和酒店业务紧密结合的创新生态。这种酒店模式以提供个性化和信息化的定制服务为核心，极大地提升了住客的入住体验，在智慧酒店中，住客可以通过各类移动设备，如智能手机和平板电脑，轻松接入酒店的在线服务平台。这个平台能提供实时、准确的酒店信息，还能根据住客的偏好推荐定制化服务。此外，住客还能通过该平台主动搜索信息，并在多个社交网络平台上分享自己的住宿体验。

第二，智慧酒店代表了信息技术与酒店业融合发展的先进设计，这种模式广泛应用了最新的信息技术，包括物联网、云计算、大数据分析等，这些技术在酒店的一个集成系统中综合运用，相互协作。这使得酒店业务高效，提升了服务的质量和管理的智能化水平。

第三，智慧酒店的设计理念深刻地体现了"以人为本"的原则，着重于提供全面且个性化的优质服务，以丰富和提升宾客的体验。这种以宾客为中心的服务模式贯穿于宾客的整个住宿周期，从预订阶段到入住期间，宾客可以通过多种数字化渠道获取信息和服务，如智能手机应用、触摸屏查询设备等。智慧酒店依据收集到的宾客个人喜好和市场需求数据，精心设计个性化服务项目，使宾客能够享受多样化的服务方式和订制化的体验。酒店还通过实时反馈系统，及时收集和响应宾客的评价和建议，不断优化服务内容，互动式的服务模式展现了智慧酒店在服务质量和客户体验方面的创新和卓越。

第四，智慧酒店的出现标志着酒店行业产品的新一轮革新，成为中国酒店业结构调整和升级的关键时刻和必然选择。作为智慧旅游的重要组成部分，智慧酒店既代表了酒店业的技术进步和管理革新，又体现了循环经济的理念。智慧酒店的核心目标是实现经济发展、社会进步与生态环境的有机结合，寻求这三者之间的最佳平衡。在现代管理理念和科技的支撑下，智慧酒店致力于构建酒店业务、客户需求和环境保护之间的相互利益和共生关系，强调可持续发展的重要性。通过这种全面协调，智慧酒店旨在实现经济效益的最大化，确保安全、健康、环境友好和生态平衡，代表着酒店业向着更加高效、绿色和可持续的方向发展。

二、智慧酒店的特点

（一）智能化

智能化在智慧酒店中的体现不局限于基础的自动化设施，如智能照明、温度控制系统等，而是深层次地整合了物联网、云计算、大数据分析等先进技术，实现了酒店服务和管理的全面智能化，包括从客房服务到前台接待，再到后台管理的每一个环节。例如，智能客房系统能够根据客人的偏好调整房间环境，如光线、温度，甚至娱乐系统。智能化还大幅提高了酒店的能源效率，通过智能系统的应用，如能源管理系统，大大降低了能耗，符合绿色环保的发展趋势。

（二）人性化

人性化设计理念以客人的需求和体验为中心，通过高度个性化的服务来满足客人的各种需求。人性化在智慧酒店的体现不只是通过提供标准化的服务，而是通过利用先进的信息技术，如大数据分析和人工智能，来深入理解和预测客人的偏好，从而提供量身定制的服务体验。例如，智慧酒店可以通过分析客人的历史住宿数据来预测其对房间类型、温度设置、娱乐选项等的偏好，并据此自动调整房间设置，甚至在客人到达前就准备好个性化的欢迎信息或服务。智慧酒店还能通过智能设备，如语音助手或智能客房控制系统，为客人提供方便快捷的服务，如语音控制灯光、窗帘、空调等。人性化的设计在提升客人的满意度和忠诚度的同时，使酒店服务高效和差异化，有利于其在激烈的市场竞争中脱颖而出。

（三）节能环保，绿色低碳

智慧酒店的节能环保和绿色低碳特点是其在可持续发展方面的重要体现，它通过整合创新技术和优化管理流程，显著降低了酒店运营的能源消耗和碳排放。这种绿色低碳的运营模式主要通过应用物联网技术、智能控制系统和高效能源管理实现，如智能照明和温控系统能够根据实际需求和环境条件自动调节，有效减少能源浪费。智慧酒店还注重水资源的节约和循环利用，以及垃圾的分类和回收处理，加强了酒店整体的环境保护措施，展示了酒店业对于环境保护和可持续发展的承诺和责任。

三、智慧酒店的具体内容

（一）内部管理

智慧酒店的内部管理体现了高度的信息化和自动化，核心在于利用先进的技术来优化酒店的运营效率和服务质量。具体来说，包括了使用集成的管理系统来监控和控制酒店的各个方面，如房态管理、员工调度、能源管理以及客房服务等。通过实时数据分析和云计算平台，智慧酒店能够实现对资源的高效分配和使用，优化工作流程，减少人力成本，提高响应速度。例如，通过智能系统自动调配清洁工作人员，根据客房入住状态和客户需求，提升清洁服务的效率和质量。高度数字化的管理方式是智慧酒店核心竞争力的重要组成部分。

（二）客服管理

客户服务管理在智慧酒店体系中起着重要的作用，它贯穿顾客住宿的整个过程，从预订到离店，确保每个环节都充满便捷和舒适。

客户通过在线平台或电话进行预订时，酒店的高效订房系统即刻保留选定房间，针对客户的个性化需求进行精细准备，以便为客户提供量身定制的住宿体验。当客户抵达酒店时，简单的身份验证便可快速完成入住手续，省去了烦琐的等待过程。

进入房间的体验同样智能便捷。客户可用身份证或会员卡轻松开启电子门锁，进入房间后，智能感应系统自动开启走廊灯光。客房内部环境根据客户到达的时间自动调整，如晚间选择柔和的照明模式，营造温馨舒适的氛围。床头灯、小台灯及电视等设施也同步启动，背景音乐的播放增添了宾至如归的感觉。睡眠模式的切换则由床头触摸开关轻松控制，确保客户拥有宁静的休息环境。

离店过程同样智能化和高效。客户仅需在前台刷卡即可完成结账，费用自动从会员卡扣除，简单签署账单后即可轻松离店。这种从头至尾的智能化客服管理，大幅提升了客户的住宿体验，并且展现了酒店在服务细节上的精益求精，体现了智慧酒店在提升客户体验方面的创新和努力。

（三）营销推广

通过对宾客的行为、偏好和反馈数据的分析，智慧酒店能够设计个性化和精准的营销活动，有效提高营销的针对性和转化率。例如，智慧酒店通过分析客户的在线行为和预订历史，能够发现潜在的客户需求，然后通过电子邮件营销、社交媒体广告等渠道发送定制化的优惠信息和推广内容，吸引客户预订。智慧酒店还利用社交媒体平台进行品牌宣传和互动营销，通过吸引性的内容和在线活动增强客户的品牌忠诚度和参与度。移动互联网的广泛应用也使得智慧酒店能够通过移动应用、微信服务号等方式，提供即时的服务和信息，收集客户反馈，不断优化推广策略。

四、智慧酒店的架构

智慧酒店是酒店经营与发展的新方向，就现阶段来看，其尚未形成确定的、具体的组织架构，笔者结合当前酒店的发展现状与未来发展趋势，认为智慧酒店架构应当包含四个层面，即面向酒店的基础设施建设层、面向旅游管理的应用层、面向公众服务的应用层、面向旅游营销的应用层，如表6-2所示。

表6-2　智慧酒店建设基本框架

框　　架	应用系统
面向酒店的基础设施建设层	酒店无线网络基础设施建设、酒店物联网基础设施建设、酒店融合网络建设、酒店数据基础设施建设等
面向旅游管理的应用层	酒店监控安防系统、酒店智慧点菜系统、酒店食品安全溯源系统、酒店运营管理系统、酒店智能客房控制系统、酒店综合视频会议系统、酒店智能闭路电视系统、酒店客户管理信息系统
面向公众服务的应用层	酒店网站集群系统、酒店电子商务系统、酒店综合信息服务系统、酒店智慧客房信息服务系统、酒店多媒体触摸屏自助服务系统、酒店投诉满意度调查及客户互动系统
面向旅游营销的应用层	酒店自媒体营销系统、酒店舆情监控分析系统、酒店竞争力分析与提升系统、酒店旅游营销效果评价系统

五、智慧酒店建设要点

（一）酒店基础设施建设

1. 物联网基础设施建设

在智慧酒店的构建中，物联网基础设施的建设扮演着重要的角色，覆盖了客户引导、员工监管、设备维护以及安全管理等多个领域。针对不同规模的酒店，选择适宜数量和类型的设备至关重要。例如，在酒店前台区域，配备的自助服务设备能够实现快速入住登记，这些设备具备身份证识别、银行卡支付以及自动处理入住手续并打印相关文件的功能。智能房卡的应用提高了住客体验，实现了在酒店内的消费结算、车辆通行、房门开启以及楼层访问的便利化。此外，RFID 技术的运用在服务流程中起到关键作用，如在物品追踪、服务效率提升等方面，服务环节的 RFID 配备和标签设计是物联网基础设施建设的一部分，通过这种方式，可以有效地提高服务质量和管理效率。

2. 数据基础设施建设

数据基础设施的建设涉及数据库的建立、数据中心的构建以及数据服务设备的配置。酒店需从业务需求出发，建立统一的数据采集标准和长效的信息采集机制。例如，建立客户信息管理数据库，配备数据智能分析处理功能，为酒店电子商务决策提供必要的数据支持。数据共享机制的建立则解决了数据交换和共享的问题，确保酒店内外部数据的高效流通。

（二）酒店安防系统建设

1. 酒店监控安防系统

酒店监控安防系统是智慧酒店安全保障的关键组成部分，其主要功能是通过高科技手段实时监控酒店的公共区域和关键部位，确保客人和员工的安全。这一系统通常包括先进的视频监控设备、入侵检测系统以及紧急报警装置。视频监控设备安装在酒店的大堂、走廊、紧急出口等区域，能够提供全天候的监控，确保酒店环境的安全和秩序。入侵检测系统用于感知非授权的入侵行为，如未经允许的进入封闭区域，一旦检测到异常便会立即触发报警。紧急报警装置在紧急情况下，如火灾或其他安全事故发生时，能够迅速启动，及时通知酒店工作人员和相关安全机构进行应对。整个监控安防系统的数据中心能够对收集到的监控信息进行实时处理和分析，为酒店管理层提供有效的决策支持。

2.酒店智能客房控制系统

酒店智能客房控制系统旨在通过技术提升客房的舒适性和便捷性。这一系统集成了多种智能设备和控制模块，允许客人通过单一界面或远程设备，如智能手机应用，控制房间内的各种功能，包括照明、温度、窗帘、娱乐系统等。例如，客人可以在进入房间前通过手机应用调整房间的温度，或在床上通过语音命令调节灯光和窗帘。此外，智能客房系统还能根据客人的行为和偏好自动调整环境设置，如自动关闭未使用的灯光和电器，以提高能源效率。系统的高度定制化能力使得客人享受到个性化的住宿体验，而酒店也能通过系统收集的数据优化服务和运营管理。

（三）酒店网站集群系统建设

在连锁酒店或酒店集团中，网站集群系统发挥着重要的角色，特别是在处理集团总部和各成员酒店的网站管理上。这一系统既包括门户网站的集成，还涵盖了手机网站和各类微网站，确保了这些数字平台的协调一致和有效管理。网站集群系统的主要目的是提供统一且权威的信息源，同时满足商务流程和电子商务服务的集成需求。该系统特别强调信息的实时更新和同步处理，确保所有网站上的内容保持一致性和最新状态。通过集群系统，酒店集团能够有效地管理其在线平台，提供流畅和安全的用户体验，并优化其在线业务和服务流程。

（四）酒店市场营销系统建设

1.预订部的信息化

这一系统通过集成最新的信息技术，如云计算、大数据分析和移动互联网，大幅提升了预订流程的速度和准确性。①通过建立一个集中的预订数据库，酒店能够实时更新房态信息，为客人提供即时的预订服务。②利用大数据分析，酒店能够深入地了解客户偏好，提供个性化预订选项和推荐，例如，基于客户的历史预订数据，系统能够自动推荐客户可能感兴趣的房型或优惠套餐。③移动互联网的应用使得预订服务便捷，客人可以通过酒店的移动应用或微信服务号等渠道随时随地完成预订，大大提升了客户体验。④信息化预订系统支持多语言服务，满足不同国家和地区客人的需求。

2. 酒店网络营销

（1）酒店官方网站直销

通过官方网站的直销，酒店能够直接与客户进行互动，提供详细的房型介绍、价格信息、特色服务以及促销活动，使预订过程透明和便捷。官网直销还能够收集客户的预订偏好和反馈，为酒店提供宝贵的数据资源，帮助优化服务和调整市场策略。为了提高官网的吸引力和用户体验，酒店通常会采用高质量的视觉设计、用户友好的界面布局以及高效的预订流程。

（2）中介分销

在现代酒店业中，网络分销渠道的作用日益凸显，其中在线旅游分销商（OTA）和新兴预订中介如团购网站、点评网站扮演着重要角色。

在线旅游分销商，也称作在线旅行社，主要通过互联网进行酒店预订服务，并通过向酒店收取佣金获取收益。

团购网站为酒店业提供了新的分销途径。通过提供大幅折扣的餐饮、客房和康乐服务，团购网站吸引了众多消费者。然而，这些优惠通常附带诸如限定使用期限、提前预约要求、不能与其他优惠同时使用等条件，有时甚至在节假日或周末不提供服务，给消费者带来了一定限制。

点评网站也成为酒店分销的重要途径。代表性的点评网站如大众点评网和到到网，通过聚集大量消费者的真实点评来吸引新客户。然而，点评网站面临的主要挑战之一是确保点评的真实性，即需要验证点评内容既非酒店自编自导，也非竞争对手的负面攻击。

（3）搜索引擎推广

搜索引擎推广主要依靠搜索引擎优化（SEO）和搜索引擎营销（SEM）两种方式。通过 SEO，酒店可以优化其官方网站的内容和结构，确保网站在自然搜索结果中获得更高的排名，增加潜在客户的访问量，包括关键词优化、高质量内容创作和网站结构优化等。SEM 则通过购买关键词广告位，使酒店在搜索结果中以广告形式出现，这种方式可以快速提高酒店网站的可见度和点击率。在一些主流搜索引擎上进行推广，酒店能够接触到庞大的互联网用户群体，还可以针对特定关键词和目标市场进行精准营销，有效提升预订率和品牌知名度。

3. 微信营销

在当今数字营销时代，微信营销已成为酒店市场营销系统中不可或缺的一部分，它利用微信这一广泛使用的社交媒体平台，为酒店开拓新的客户群和营销渠道。微信营销首先体现在建立酒店的官方微信公众号，通过定期发布酒店的最新资讯、优惠活动、客房信息及独家内容，吸引并维持关注者的兴趣。其次，酒店可以通过微信公众号提供便捷的预订服务，允许客人直接在微信平台上完成预订流程，大大提高了预订的便利性。再次，可以利用微信小程序开发特定的应用，如客房服务预约、酒店导览等，提升客户体验。最后，微信营销包括利用微信支付功能，为客人提供快速便捷的支付方式，增强客户满意度。

（五）酒店餐饮管理系统建设

①酒店餐饮管理系统通过集成先进的信息技术，如物联网、大数据分析和移动应用平台，能够实现餐饮服务的自动化和智能化，例如，利用物联网技术，酒店能够对厨房设备进行实时监控和维护，确保餐饮生产的高效和安全。②大数据分析可以帮助酒店分析客户的餐饮偏好，提供个性化菜单和服务。③智能订单系统允许客户通过移动设备直接下单，实现无纸化操作，这既提升了客户体验，也加快了餐饮服务流程。④餐饮管理系统可以与客房服务系统相连，使客户能够在房间内通过智能终端设备订购餐饮服务，进一步地，系统还能够通过收集和分析顾客反馈信息，不断优化菜品质量和服务流程。⑤在库存管理方面，餐饮管理系统通过实时监控库存状态，自动追踪食材消耗情况，有效减少浪费，同时确保食材的新鲜和供应的及时性。⑥系统中的数据分析工具可以预测未来的消费趋势，帮助酒店更好地进行食材采购和成本控制。⑦酒店餐饮管理系统的建设考虑到环保和可持续发展的要求，通过优化资源利用和减少浪费，致力于构建绿色、环保的餐饮服务环境。

（六）酒店智慧购物建设

①物联网技术在厨房设备的监控和维护中发挥作用，实现对食材贮存条件的实时监控，保障食品安全。同时，通过实时追踪库存和消耗，系统能够准确预测需求，有利于减少浪费并确保食材供应的及时性。②大数据分析在客户餐饮偏好的捕捉上扮演关键角色，系统通过分析历史订单数据，能够为客户推荐个性化的菜单，并为酒店提供关于菜品调整和服务优化的洞察。③在环保和可持续发展方面，酒店餐饮管理系统致力于减少能源消耗和食物浪费，通过优化资源配置，实现绿色、环保的餐饮服务环境。

第三节　智慧旅行社新业态

一、智慧旅行社的内涵

智慧旅行社，作为旅游行业的一种革新模式，运用现代信息技术将传统和在线旅游服务有机融合，打造出一个全新的旅行社业态。它的核心在于通过云计算平台的支持，大数据的驱动力，以及以智能手机为主要交互界面，实现了与财务、营销、服务等各业务系统的高度整合，从而提供全业务、全方位的在线服务。其目标是通过这种模式提升整个行业的服务效率和水平。与传统旅行社和在线旅行社相比，智慧旅行社在多方面展现出显著的差异。

传统旅行社主要依赖线下操作，以组织旅游团队、接待客人和旅游预订营销为主要业务，从业人员多具备传统旅游业务经验。他们使用传统手工操作或电脑辅助系统，主要通过门店和客户营销以及网络营销进行业务推广。相比之下，在线旅行社主要依赖互联网，客源地多以国内和本地区为主，其服务和运营模式以互联网平台为基础，专注于旅游预订和网络营销。智慧旅行社则在这两者的基础上更进一步，它面向全球客源地，将旅游资源的整合发布、预订营销与高技术人才相结合，运用电子商务平台和便携终端设备开展业务，它通过移动互联网营销，实现了线上交易与线下消费体验的完美结合，体现了 O2O、B2C、B2B 等多种商业模式的综合应用。智慧旅行社的特点在于它线上线下融合，运用不同的方式和手段进行旅游产品的预订、签约和交易，实现了在线数据管理、通讯、互动、保险、体验、呼叫服务、支付、销售和操作等功能的全面覆盖。

智慧旅行社的发展，既代表了旅游行业技术和服务模式的进步，也反映了消费者需求的多样化和个性化趋势。智慧旅行社通过高效的技术应用和创新的服务模式，提供便捷、高效、个性化的旅游服务，为旅游业的可持续发展注入了新的活力。

二、智慧旅行社建设的重点

随着信息技术的飞速发展，旅游行业的格局正在经历深刻变革，自由行、自驾游和个性化定制旅游等新兴旅游模式正逐渐成为主流，这些变化为传统旅行社市场带来了挑战，也催生了智慧旅行社的兴起。智慧旅行社的建立一方面适应了 O2O 和定制旅游的发展趋势，另一方面是增强市场份额和竞争力的重要途径。智慧旅行社的核心在于充分运用现代信息技术，将数据转化为战略资源，通过高效的信息服务满足旅游者的需求，并不断提升游客满意度。

智慧旅行社的建设涉及多方面。首先是智慧服务的构建，包括组团旅游、客户服务和支付等方面的数字化处理，提供便捷、高效的服务体验。其次是智慧营销的实施，利用微信等社交平台，结合舆情监测和效果评估工具，创新营销方式，拓宽市场渠道。智慧管理的推进则涵盖产品规划、销售、服务、财务结算以及计调等各个管理环节，通过信息技术实现高效、透明的管理体系。此外，大数据的应用在智慧旅行社建设中扮演着关键角色，它涉及数据的整合、分析和服务，以及平台化建设，为旅行社提供深入的市场洞察和精准的决策支持。智慧旅行社通过流程的数字化、生产的柔性化、组织的弹性化、经营的虚拟化、学习的网络化、管理的一体化和人本化，全面提升旅行社的综合实力。

三、智慧旅行社建设的架构层次

智慧旅行社的架构同样可以分为四个层次，即面向旅行社的基础设施建设层、面向旅游管理的应用层、面向公众和游客服务的应用层、面向旅游营销的应用层，如表 6-3 所示。

表 6-3　智慧旅行社建设的层次框架

框　架	应用系统
面向旅行社的基础设施建设层	旅行社物联网基础设施建设、移动互联网应用基础、旅行社数据中心应用基础设施建设、旅行社无线网络等基础设施建设
面向旅游管理的应用层	建设内容包括旅行社团队（游客）管理系统、旅游电子合同管理系统、导游管理系统、车载定位监控系统、旅行社服务质量跟踪及游客互动系统、旅行社供应商管理系统、旅行社在线 OA 管理系统、旅行社电子行程单管理系统、旅行社旅游保险管理系统、旅行社客户资源管理系统、旅行社运营管理信息系统等
面向公众和游客服务的应用层	建设包括门户网站服务系统、旅行社电子商务系统、旅行社导游领队服务系统、旅行社客户关系管理系统、微信互动服务系统、移动电子导游服务系统等
面向旅游营销的应用层	建设包括旅行社自媒体营销系统、旅行社竞争力分析与提升系统、旅行社舆情监控分析系统、旅行社旅游营销效果评价系统、渠道管理和分析系统、社交网络分析与服务系统等

四、智慧旅行社建设要点

（一）旅行社网络与数据的基础设施建设

网络基础设施的建设是智慧旅行社的基石。应当建立一个稳定、高效的网络系统，确保旅行社的所有在线服务和内部操作都能够顺畅运行，这涉及宽带网络的接入、无线网络的布设，以及网络安全保障措施的实施。为了实现这一点，旅行社需要购买高质量的网络设备，包括路由器、交换机和防火墙等，并采用先进的网络管理技术来监控和优化网络性能。旅行社还应该建立一套紧急应变机制，以应对网络中断或数据丢失等突发事件，确保业务的连续性和数据的安全性。

数据基础设施建设则包括构建一个强大的数据中心，用于存储和处理旅行社产生的海量数据，如客户信息、交易记录、旅游产品数据等。旅行社需要采用先进的数据库技术，如云数据库服务，以提高数据处理的效率和可靠性。此外，通过大数据分析技术，旅行社可以从这些数据中提取有价值的洞察，用于指导市场营销策略、产品开发和客户服务等方面的决策。为了实现数据的有效利用，旅行社需建立一套完善的数据治理体系，包括数据质量管理、数据安全政策和合规性监控等，以确保数据的准确性、安全性和合法性。

（二）团队游客管理及旅游电子合同管理

团队游客管理体系的建设需要从多方面着手：第一，旅行社应采用先进的客户关系管理系统（CRM），用于收集和分析游客信息，包括游客偏好、历史行程和反馈等，这些信息有助于旅行社为团队游客提供个性化服务和产品推荐。第二，实施一套有效的团队游客跟踪系统重要，这包括行程管理、紧急事件响应和即时沟通机制，例如，通过移动应用或微信小程序，游客可以实时接收行程更新，旅行社工作人员能够及时响应游客需求和紧急情况。第三，针对团队游客的反馈和评价进行系统化的收集和分析，以不断优化服务流程和提升客户满意度。

电子合同管理系统不仅简化了合同的签署和管理流程，还提高了运营效率和减少了纸张浪费。在电子合同管理系统中，旅行社可以方便地创建、发送和跟踪合同状态，同时保证合同的法律效力和安全性。该系统应支持多种电子签名技术，并与客户数据库紧密集成，以便自动化地生成个性化合同内容。系统还应具备良好的用户界面，确保客户能够轻松地理解和签署电子合同。在数据安全方面，电子合同系统需要采用高标准的加密技术和安全认证，以防止数据泄露和合同篡改。最后，系统应支持合同的存档和检索功能，以便合同的历史审核和法律合规性检查。

（三）导游管理系统建设

导游管理系统的核心在于建立一个集中的数据库，用于存储所有导游的详细信息，包括他们的资质、经验、语言能力、专业知识和历史表现等。通过这个数据库，旅行社能够有效地分配合适的导游给不同的旅游团队，确保每个团队都能得到最佳的服务。系统还应该包括导游的日程安排功能，以便旅行社管理每个导游的工作计划，减少人力资源的浪费。导游管理系统还可以集成客户反馈机制，让游客可以对导游的服务进行评价，这为旅行社提供了宝贵的数据，用于评估导游的表现并进行必要的培训和改进。

除上述内容外，导游管理系统还应该具备移动应用的功能，使导游能够在移动环境下接收任务、查看行程和获取旅行团的相关信息，这种移动应用能够显著提升导游工作的灵活性和效率，并为旅行社提供了实时监控导游活动的能力。系统中还可以集成多种有用的工具，如语言翻译、地图导航和文化背景资料等，以帮助导游提供专业的解说服务。从安全管理的角度出发，导游管理系统还应包括紧急联系和报警功能，以应对可能发生的突发事件和危机情况。

（四）旅行社电子行程单的管理

首先，电子行程单的管理需要基于一个稳定、安全的信息系统平台，确保行程信息的实时更新和准确传递，该系统应该能够自动整合和同步航班、酒店、观光景点以及其他旅游相关服务的信息，从而生成完整的电子行程单。这样的系统能够减少传统纸质行程单可能出现的错误和不便，还能实现对旅行计划的即时调整和更新，提高了响应速度和灵活性。

其次，电子行程单的管理系统需要具备用户友好的界面和易于操作的功能。游客可以通过旅行社的网站或移动应用查看和管理他们的行程，包括查看行程详情、接收实时通知和提醒、上传个人偏好和特殊需求等。系统还应支持多语言功能，确保不同语言背景的游客都能轻松使用。通过这种方式，电子行程单可以提供基本的行程管理功能，增加与客户互动的机会，提高服务质量和客户满意度。

最后，电子行程单的管理需要重视数据安全和隐私保护。旅行社必须确保所有客户数据的安全存储和处理，采取适当的数据加密和访问控制措施，防止数据泄露和未授权访问。应遵守相关的数据保护法规和标准，尊重客户的隐私权。

（五）旅行社客户关系管理系统（CRM系统）建设

1.具备强大的数据收集和处理能力

这包括客户的基本信息、旅游偏好、历史预订记录、反馈和投诉等数据的收集与整合。通过这些数据的分析，旅行社能够深入地了解客户的需求和行为模式，提供个性化服务。例如，基于客户旅游偏好的数据分析，旅行社可以推荐符合客户兴趣的旅游产品，提升客户满意度和忠诚度。

2.支持有效的客户沟通和互动

CRM系统应集成电子邮件、社交媒体平台、在线聊天等多样的沟通方式。这样的集成使得旅行社能够在客户最习惯的平台上与其进行沟通，无论是通过电子邮件发送行程更新，还是在社交媒体上回应客户的查询，例如，客户通过Facebook或微信等社交媒体提出咨询时，CRM系统可以自动记录这些互动，确保无论通过哪种渠道联系，都能获得及时且一致地响应。CRM系统还应具备自动化营销工具，这些工具可以根据客户的历史偏好和行为模式，自动发送定制化的邮件通信和旅游产品推广信息，例如，如果系统检测到某个客户对海滩度假感兴趣，它可以自动发送相关的旅游套餐和特别优惠，个性化营销策略有利于增加销售的可能性，提升客户满意度。CRM系统还应支持对客户沟通的跟踪和分析，以优化沟通策略和提高客户服务质量，系统可以分析哪种沟通方式最受客户欢迎，哪些营销信息能产生最好的反响，以及客户服务中的哪些方面还有改进空间。

3.考虑到用户体验和操作便捷性

CRM系统的用户体验和操作便捷性对于提高旅行社工作效率和服务质量至关重要。①系统界面应该是直观和易于使用的，使得旅行社的员工能够轻松地访问和更新客户信息，一个良好设计的界面应减少不必要的操作步骤，提供清晰导航和直观布局，使得员工能够快速找到所需的功能和信息，例如，常用功能如客户搜索、行程更新、通信记录应一目了然且易于访问。②为了适应移动办公的需求，CRM 系统必须支持移动设备访问，这意味着系统应该有一个响应式的设计，可以在各种屏幕大小和设备上正常运行，无论是智能手机还是平板电脑。移动访问的支持允许旅行社的销售和服务人员在外出时也能实时访问和管理客户数据，增加了工作的灵活性和响应速度。例如，当员工在外与客户会面时，他们可以立即访问该客户的历史信息和偏好，提供个性化服务。③CRM 系统应该提供一些定制选项，允许旅行社根据自己的特定需求和偏好调整系统设置，包括个性化的仪表板、自定义报表和特定的数据视图等，使得每位员工都能以最适合自己工作方式的形式来使用系统。

（六）车载定位监控系统

车载定位监控系统的核心功能是实时跟踪和监控旅行社的车辆，这种系统通常依赖全球定位系统（GPS）技术，能够提供车辆的精确位置、行驶速度和行驶路线等信息。通过这些数据，旅行社能够有效地监控车辆的运行状况，确保车辆按照预定路线行驶，及时发现并处理可能出现的异常情况，如偏离路线、车速过快等。车载定位监控系统还可以帮助旅行社优化行程安排和车辆调度，提高车辆使用效率，降低运营成本。

车载定位监控系统还能够增强旅行安全管理，系统可以实时监测车辆的运行状态和驾驶员的驾驶行为，及时警告不安全的驾驶行为，减少交通事故的风险。在紧急情况下，如车辆故障或交通事故，系统可以快速定位车辆位置，便于旅行社及时派遣救援和支援。车载定位监控系统可以为乘客提供实时行程信息，增强乘客的安全感和满意度。

系统的数据收集和分析功能对于旅行社的长期运营管理是有价值的。通过分析收集到的车辆运行数据，旅行社可以对车辆运营效率、驾驶员行为、路线优化等进行深入分析，不断提高服务质量和运营效率，这些数据可以作为未来业务扩展和策略调整的重要依据。

（七）旅行社舆情监控分析系统建设

舆情监控系统应能够跨平台捕捉和汇总来自各种社交媒体、论坛、博客、新闻网站等的相关数据，包括对旅行社品牌、服务、目的地等相关的提及和讨论，系统应使用先进的数据挖掘技术和自然语言处理工具，从大量的网络数据中提取有价值的信息，如消费者的感受、期望和不满等。舆情分析功能是系统的另一重要组成部分，通过对收集到的数据进行深入分析，旅行社可以了解到当前市场趋势、客户需求的变化以及竞争对手的策略，这些分析结果对于旅行社来说是宝贵的，有助于其调整市场策略、改善服务质量，甚至开发新的旅游产品或服务。系统还应提供可视化的报告和仪表盘功能，使得非技术背景的旅行社管理人员也能轻松理解舆情数据和分析结果，通过直观的图表和摘要，管理层可以快速获得关键信息，做出基于数据的决策。

（八）供应商管理和在线采购管理

供应商管理系统的核心在于建立和维护一个高效、透明的供应链网络，这需要旅行社能够精确跟踪和评估各供应商的表现，包括价格、服务质量、交货时间等关键指标。通过集成的信息系统，旅行社可以实时监控供应商的表现，确保与之合作的旅游产品和服务符合质量标准。系统应支持合作伙伴关系管理，包括合同管理、绩效评估以及风险管理，以促进与供应商的长期合作关系。

在线采购管理系统是提高旅行社采购效率和降低成本的关键工具，这一系统应支持自动化的采购流程，包括在线订单生成、审批流程、订单跟踪以及支付处理。系统应集成先进的分析工具，以进行成本分析、市场趋势分析和需求预测，帮助旅行社制定精准和高效的采购策略。系统还应支持供应商目录管理和电子目录购买，方便快捷地搜索和比较不同供应商的产品和服务，以优化采购决策。

第七章　新时期旅游业战略发展

第一节　旅游业战略目标

一、战略概述

"战略"这一概念源远流长，最初与战争和军事行动紧密相关。历史上，它被用来概括战争实践和军事活动的理论，并指导战争的策略和克敌制胜的方法。在西方，这一术语来自希腊语"strategos"或其变体"stragia"，前者意为"将军"，后者则意指"战役"或"谋略"，均涉及指挥军队的科学与艺术。

中国对于战略的理解和应用同样源远流长。春秋时期，孙武凭借丰富的战争经验撰写了《孙子兵法》，虽然该书未直接使用"战略"一词，但其内容蕴含了深刻的战略思想，对后世产生了广泛的影响。到了三国时期，诸葛亮在《隆中对》中向刘备提出的建议，代表了我国历史上对军事战略的系统性分析。从西晋时期司马彪的《战略》开始，中国出现了以"战略"命名的专著，其中包括明代军事家茅元仪编著的《二十一史战略考》等作品。

随着人类社会的不断进步，战略的应用已远远超出军事领域，渗透到更广泛的社会活动中。在政治领域，政党和政府采取的战略规划，如力量部署和策略措施，旨在实现总体目标。在经济领域，战略被用于指导国民经济或重要产业的发展。这种跨领域的战略应用显示了其在现代社会中的广泛影响和重要性。

在经济学领域，战略概念的应用历史相对较短。美国管理学家切斯特·巴纳德是将战略思维引入企业经营管理的先驱之一，在他 1938 年出版的著作《经理的职能》中，他将企业描述为一个由物质、生物、个人和社会因素构成的复合系统，并首次运用战略思维来分析企业的各种因素及其相互影响。1965 年，战略概念在国际企业经营管理领域开始广泛应用，这一转变的代表作是美国学者安索夫（H.L.Ansof）的《企业战略》，在此之前，人们普遍认为企业战略是基于偶然情况决定的，或者是最高决策者的信念和直觉的产物。在传统的管理理论中，与战略相关的内容通常被称为"企业家活动""企业政策""长期计划"。1979 年，安索夫推出了《战略经营》，从现代组织理论的角度出发，探讨了环境、战略和组织之间的相互关系，完善了企业战略模式的理论。

进入 20 世纪 80 年代，战略管理理论得到了显著发展，以产业结构分析为基础的竞争战略理论开始占据主导地位。近年来，企业越来越注重对自身独特资源和知识的积累，以形成其独特的竞争优势，这导致了以资源和知识为基础的核心竞争力理论的形成，这些理论强调企业应充分利用其独特资源，不断积累专业知识，以此作为打造持久竞争力的基础。这一转变表明，企业战略的发展与时俱进，不断适应和回应不同历史时期的经济环境和市场需求。

二、战略管理

（一）战略管理的要素

1.明确的目标

在产业战略管理中，设定明确的目标是核心要素之一，这些目标应具体、可度量、可实现、相关性强，并且时间限制明确。产业战略目标的明确性关键在于为组织提供了一个清晰的方向和未来的愿景，例如，一个旅游业公司可能设定目标——某一特定地区内最受欢迎的旅游服务提供商，这既涉及市场份额的增长，也包括客户满意度和品牌知名度的提升。明确的目标使组织能够集中资源和努力，对策略进行定向，并为所有决策提供一个参考框架。此外，这些目标也为评估组织绩效和战略实施的有效性提供了标准，在设定目标时，关键是要确保它们与组织的核心价值观、愿景和长期战略相一致。通过明确的目标设定，组织可以确保所有团队和个人的努力都朝着共同的目标前进，提高战略实施的可能性和成功率。

2. 行动计划

行动计划涉及将宏观的战略目标细化为具体、可执行的任务和活动，一个有效的行动计划应明确每个任务的负责人、所需资源、完成时间线以及预期成果。例如，如果一家酒店集团的战略目标是提高其品牌在高端市场的知名度，那么相关的行动计划可能包括市场调研、品牌重塑项目、新服务的开发和营销活动的实施。这些计划应具体到每个部门和团队的责任，确保所有成员都对其贡献清晰了解。重要的是，行动计划应与组织的整体战略相吻合，确保每一步的实施都有助于最终目标的达成。行动计划还需要有足够的灵活性，以适应外部环境的变化和内部执行过程中的意外情况。有效的行动计划应进行定期的检查和评估，确保其保持在正确的轨道上，及时调整以应对挑战和利用新出现的机会。

3. 资源支持

资源支持是实现战略目标的基础性要素。这涉及财务资源的分配，还包括人力、技术、信息以及其他物质资源。有效的资源支持确保了战略计划得以顺利执行，同时为组织的长期发展和竞争力的增强提供了基础。例如，一家企业若计划扩展其市场份额，需要确保有足够的资金来支持市场营销活动、产品开发和可能的基础设施扩建。同样，人力资源的配置重要，需要确保有合适的人才来驱动战略实施和创新。技术资源，尤其是在高科技行业，对于保持竞争优势和提升效率同样不可或缺，有效的资源支持还包括信息资源的管理，即确保决策者能够获取和利用正确的市场和内部信息来作出明智的战略决策。在资源支持中，关键是要确保资源的分配与组织的战略目标相一致，并能够灵活调整以适应市场和组织内部的变化。

（二）战略管理的特点

1. 全局性

产业战略管理的全局性体现在其对企业整体目标与发展方向的长远规划和整合，这种全局性意味着在制定和执行战略时，需要考虑企业的所有关键方面，包括市场定位、资源分配、组织结构、技术发展、竞争策略和文化价值。例如，在制定旅游业的战略时，不仅要考虑市场需求和竞争对手的动态，还要整合内部资源如人力、技术和资金，确保各方面相互协调，共同推进企业的整体目标。此外，全局性意味着战略管理既要关注当前的运营效果，还要着眼于未来的可持续发展，考虑长期目标与短期行动的平衡，这要求管理者具备开阔的视野和前瞻性思维，以确保在快速变化的市场环境中，企业能够灵活应对，并在竞争中保持领先。

2. 长远性

长远性要求企业制定战略时除关注眼前的竞争和挑战外，还要预见并准备未来数年甚至数十年的市场变化和发展趋势。例如，一个涉足科技产业的企业，在制定战略时需要考虑技术革新的速度和方向，预测未来的技术需求，并据此规划研发和市场进入的策略。同样，面对全球化和市场多元化的趋势，企业需要考虑如何长期在不同的地区和文化环境中保持竞争力和相关性。长远性还意味着对潜在风险和机遇的前瞻性评估，确保企业在未来的市场变动中能够稳健发展，这种对未来的规划和准备在很大程度上决定了企业的可持续发展能力和长期竞争优势。

3. 外部因素多

这种考量涉及多个层面，包括经济、政治、社会、技术和环境等方面。例如，一个企业在制定战略时，必须考虑当前的经济状况、消费者行为的变化、新兴市场的发展趋势，以及全球经济环境的波动。政治因素如政策变动、国际关系和法律法规的变化也对企业战略产生重要影响。社会文化层面，如人口结构、价值观念和生活方式的转变，也是制定有效战略时不可忽视的因素。技术进步和创新对产业格局产生颠覆性的影响，企业需要及时适应这些变化，利用新技术创造竞争优势。此外，环境因素，特别是在可持续发展日益受到重视的当下，必须纳入战略考量。

三、旅游业战略管理的基本要素

（一）战略目标

战略目标应该源于企业的愿景和使命，并被精心设计以反映企业的长期发展方向和努力重点。具体来说，旅游企业需要将普遍的战略管理理念与自身的特性相融合，设定出既具挑战性又可实现的战略目标。这些目标一方面为员工提供了明确的发展方向，另一方面有助于在目标客户心中塑造企业的独特印象。在制定战略目标时，企业需深入考虑所需达成的关键要素、必要条件、实施步骤及采取的策略。明确的战略目标有助于企业在激烈的市场竞争中脱颖而出。

（二）战略手段

确定战略目标后，旅游企业需要明确具体的战略手段，以确保目标得以有效实施。战略手段应贯穿战略的设计、实施和控制的全过程，既包括战略的制定方式，也包括战略执行和监控的优化方法。具体来说，这些战略措施是为了实现企业使命和目标所采取的关键对策和手段，它们具有针对性、具体性、阶段性，并需要保持灵活性，以适应不断变化的外部环境，这些战略措施是实现战略目标、聚焦战略重点的关键，也是保持战略整体平衡的重要保障。

（三）资源条件

资源，特别是战略性资源，是实现战略目标的关键支撑。对旅游企业而言，如何高效地分配和利用这些资源，尤其是在其业务范围和功能领域内，成为确保战略成功实施的一个核心问题。战略资源通常具备价值性、稀缺性、难以被模仿和不可替代等特质，它们是企业持续竞争优势的源泉，因此，旅游企业必须重视资源的积累和优化配置，特别是人力资源的合理分配和有效利用。在人才资源方面，旅游企业应将其视为珍贵资产，从发展的角度出发，合理规划人才配置策略，并对人才的贡献进行细致评估。培养和吸引那些具备前瞻性、洞察力和系统性思考能力的人才，对构筑旅游企业的核心竞争力至关重要。

四、新时期旅游业战略管理面临的挑战

（一）国际化

在新时期，旅游业的战略管理面临着国际化的重大挑战，这主要是由于全球化进程的加速和国际旅游市场的不断扩大。随着全球经济的一体化，旅游业已成为连接世界各地的重要桥梁，这种趋势要求旅游企业既要关注本土市场的需求和特点，还要对国际市场的动态、消费者行为以及不同文化背景下的旅游偏好有深入理解。企业需要通过研究国际市场，来制定适应不同国家和地区的旅游产品和服务。全球化带来的文化多样性和市场复杂性也对旅游业的战略管理提出了新的要求。旅游企业必须在尊重和融入不同文化的同时，开发出符合各地市场需求的创新产品和服务。这既涉及语言和服务方式的适应，还包括对当地政治、经济环境的适应和对当地法律法规的遵守。

国际化还意味着旅游企业需要建立更为广泛的国际合作网络，包括与海外合作伙伴的联合推广、资源共享和技术交流。同时，企业还需关注国际市场中的竞争对手，了解他们的战略动向和业务模式，以更好地调整自身的战略。在新时期，旅游业的国际化是机遇，也是挑战，企业需在全球视野下进行战略规划，同时具备灵活应对国际市场变化的能力，这需要旅游企业不断提升自身的国际化管理水平，包括提高跨文化沟通能力、加强国际市场分析能力和建立有效的国际化运营模式。只有这样，旅游企业才能在全球化的大背景下，把握国际化发展的趋势，有效应对挑战，实现可持续发展。

（二）旅游者对安全和保障的需求

随着全球化的发展和旅游业的快速增长，旅游者越来越关注他们在旅行中的个人安全和健康保障，这一挑战要求旅游企业在战略规划和运营管理中，加大对安全保障措施的投入和创新，以满足消费者的期望和需求。

具体来说，旅游企业需要从多个方面提高安全保障水平：①对于旅游目的地的选择和旅游产品的设计，必须充分考虑到目的地的安全状况，避免将游客引向潜在风险较高的区域。②在旅游服务过程中，包括交通、住宿、餐饮、娱乐等各个环节，都要确保符合高安全标准，如提供安全的交通工具、确保食品卫生安全、加强住宿场所的安全防范等。③旅游企业需要建立健全的应急响应机制和危机管理体系，以应对可能发生的自然灾害、突发事件和健康危机等，包括制订详尽的应急预案，提供专业的危机管理培训给员工，并与当地政府、医疗机构等合作伙伴建立紧密的联系，以便在紧急情况下迅速有效地应对。④为了增强旅游者的安全感，旅游企业需要加强与顾客的沟通，提供全面透明的信息，让游客了解可能面临的风险及应对措施，以及如何在紧急情况下获取帮助。在信息技术迅猛发展的今天，利用智能系统和移动应用，实时更新安全信息，为游客提供实时的旅行支持和协助，也成为提高服务质量的重要手段。

（三）技术创新

在21世纪过去的20多年里，技术的飞速发展和广泛应用为旅游企业带来了前所未有的变革。这一时期，技术成为旅游企业中关键的竞争优势之一，信息技术的普及，特别是互联网的广泛应用，已经深刻影响了旅游行业的生产力和运营方式。因此，旅游企业的管理者必须掌握和利用这些新兴技术，以便有效地推广其产品和服务。

随着技术的不断进步，其在客户服务、信息管理和酒店设计方面的应用也日益增多，这也促使旅游企业在现有产品和服务的基础上创新发展新的产品和服务形式。全球范围内，许多跨国公司都在技术领域进行大量投资，这种趋势预计还将持续下去。鉴于投资者对资本投入的高回报率的期望，企业在面对日益增加的人力和资本成本时，必须学会有效运用技术以适应这些变化。信息技术的应用也为旅游企业的管理控制带来了显著改进，特别是在资产管理、收益管理、数据库营销和管理会计系统等方面。例如，人工智能技术，尤其是专家系统的应用，有助于减少企业对人力资源和管理层的依赖。现代化的专家系统使得以前只能通过陈旧手册查询的标准操作程序可以实现全天候在线访问，减少员工处理技术问题的负担。收益管理系统的应用，能够在规模缩减的企业中帮助管理者最大化每个客房的收入，是一个很好的例子，显示了如何利用现代技术做出关键的管理决策。

技术在支持顾客服务方面运用得越来越多，目前，利用专家系统技术的电子接待员已经开始在酒店的客房和公共区域，甚至通过网络，为顾客提供信息和服务，以辅助或替代传统的人工接待。除此之外，其他技术支持的服务，如客人登记、结账、房间和走廊的安全监控、房间环境控制以及外部通信，都在积极研发中，预计将成为酒店业竞争的关键因素，这些技术将使顾客能更好地控制他们的旅行环境，满足日益增长的个性化需求。

尤其值得关注的是，技术在创造"完美客房"体验方面发挥着巨大的作用。在这样的客房中，客人的每一个需求都能得到精准响应。房间内部的温度、空气质量和声音控制等，都是通过计算机连接的传感器智能调节，以最经济的方式提供最佳的舒适体验。此外，越来越多的商务旅客希望酒店提供与外界通信的接口，以便持续保持与工作的联系，酒店若能提供这些服务，并使其设计更贴近商务客人的需求，无疑将在市场中占据优势。随着劳动力短缺和成本增加的趋势，代表性的酒店组织将更多地将技术融入经营的各个环节，在新型企业结构中工作的员工将拥有更多的技术知识，并能够更有效地提高顾客满意度。这种趋势预计将导致单位劳动力成本的增加，但同时会带来服务质量和效率的大幅提升。

随着技术的发展，现代人对于旅行体验的理解正在发生根本性变化，例如，对那些由于工作或生活方式限制而无法长时间远行的人来说，"虚拟现实"技术可能成为一种替代远程旅游的新选择。此外，远程通信技术的进步可能减少了商务旅行的需求，电视会议等远程协作技术的快速发展可能导致人们不再需要进行长途旅行进行商务谈判。这些技术进步的影响深远，对旅游业管理者来说，将这些技术融入战略决策过程重要。

技术在保障环境安全和健康方面的作用也日益增强，例如，监控环境变量的技术进步和使用生物技术处理有害因素的新方法，已经显著改善了水质和废物处理过程。能有效利用这些技术的旅游企业，在注重安全的顾客群体中将具有明显的竞争优势。

在信息时代背景下，技术的发展继续影响着人们的生活方式。在这个时代，人们在旅行中不仅能够发现不同的生活方式，还能体验到技术带来的新奇体验。在这个快速变化的时代，企业不能错失把握新机遇的时机，需要对潜在的商业机会进行投资，还需要投资于那些能帮助它们监测变化并对顾客期望的变化产生影响的系统和技术。这种前瞻性的投资将帮助企业更好地适应不断变化的市场环境，在激烈的市场竞争中脱颖而出。

（四）知识经济

知识经济的核心特征是知识和信息的作用日益凸显，成为经济发展的重要驱动力。在这一背景下，旅游业必须重新审视和调整其战略管理方向，以适应这一新兴经济模式。①旅游业需要加大对知识资本的投入和利用，在知识经济时代，信息和知识的快速流通对于旅游企业的发展重要，企业需要通过不断更新和积累行业知识，提高对市场变化的敏感度和适应能力，这包括对旅游目的地、旅游产品和消费者行为的深入理解，还包括对新兴技术如大数据、人工智能在旅游领域应用的掌握。②旅游业在战略管理上需要重视人才培养和知识更新，随着知识经济的发展，对专业知识和技能的需求不断增长，旅游企业需要构建一个学习型组织，鼓励员工不断学习和创新，同时吸引与留住具有高水平知识和技能的人才。③旅游业的竞争策略应更多地基于知识和创新，在知识经济下，创新成为企业获取竞争优势的关键，旅游企业应通过研发新型旅游产品、服务和体验，以及采用新的市场营销策略和业务模式，来满足日益多样化和个性化的旅游需求。④旅游业应积极应对知识经济带来的市场和政策变化，包括了解和遵守与知识产权相关的法律法规，并利用知识产权保护自身的创新成果。

五、旅游业战略目标的制定

（一）旅游业战略目标的层次结构

旅游业的战略目标层次可以从多个维度进行划分，这些层次包括国家层面、区域层面、企业层面、产品层面和市场层面。每个层面针对的重点和目标各有差异，但它们共同构成了旅游业整体战略的框架，如表7-1所示。

表7-1　旅游业战略目标的层次结构

层　　次	目　　标	详细描述
国家层面	经济角色、国家形象、文化保护	提升国际竞争力，增加旅游收入，促进文化交流，保护历史文化资源，促进区域平衡发展
区域层面	旅游资源开发和市场建设	吸引国内外游客，提升服务水平，创造就业，促进地方经济发展
企业层面	市场份额和品牌影响力	提高市场份额，提升品牌影响力，增加收益，优化产品和服务质量，创新业务模式，提升客户满意度
产品层面	产品开发和优化	提供多样化的旅游产品，满足不同需求，创新旅游体验
市场层面	市场定位和推广	确定目标市场，制定有效的市场推广策略，提高市场占有率，建立忠实客户群体

1. 国家层面

在国家层面，旅游业的战略目标通常涉及旅游业在国家经济中的角色、对国家形象的塑造以及文化遗产的保护。这些目标可能包括提升国家旅游业的国际竞争力、增加旅游收入、促进文化交流、保护和利用历史文化资源以及促进区域平衡发展等。

2. 区域层面

在区域或地方层面，战略目标注重旅游资源的开发和区域旅游市场的建设，包括吸引更多的国内外游客、提升区域内旅游业的整体服务水平、创造就业机会、促进地方经济发展等。

3. 企业层面

旅游企业的战略目标主要集中在提高市场份额、提升品牌影响力、增加收益、优化产品和服务质量、创新业务模式以及提升客户满意度等方面。企业战略目标的确定需要基于企业的核心竞争力和市场定位，以及对目标市场的深入理解。

4. 产品层面

在产品层面，战略目标旨在开发和优化符合市场需求的旅游产品和服务。包括提供多样化的旅游产品、满足不同旅游者的需求、创新旅游体验等，以提高产品竞争力和市场吸引力。

5. 市场层面

在市场层面，旅游业的战略目标包括确定目标市场、制定有效的市场推广策略、提高市场占有率、建立忠实客户群体等。这要求企业对旅游市场的趋势有深刻理解和预判能力。

（二）旅游业战略目标的制定过程

1. 战略环境分析

在旅游业战略目标的制定过程中，战略环境分析是关键的第一步。这一过程涉及对内外部环境的深入理解和分析，以确保制定的战略目标既现实又具有前瞻性。首先，需要分析宏观环境，包括政治、经济、社会、技术、环境和法律（PESTEL分析）各方面的因素，以及它们对旅游业的影响。例如，经济发展水平、文化趋势、技术进步等都是不可忽视的外部因素。其次，行业分析，通过应用"五力模型"（波特五力分析），识别旅游行业中的竞争者、潜在进入者、替代品、供应商和顾客的力量，并分析这些因素如何影响旅游企业的竞争环境和盈利能力。再次，需进行内部环境分析，如SWOT分析

（优势、劣势、机会、威胁），明确企业的内部资源和能力，识别企业的核心竞争力，并结合外部环境的分析结果来确定企业在市场上的地位和潜在的增长机会。最后，基于这些综合性的分析，旅游企业或相关机构可以识别和制定适应这些环境因素的战略目标，这些目标应与企业的愿景和使命相符，同时考虑到市场趋势、顾客需求、竞争态势和自身资源限制，以便在旅游市场上取得成功。

2. 拟定目标

旅游企业或机构根据环境分析的结果制定具体、清晰的战略目标。这些目标应反映出企业的长期愿景和短期实施计划，也需符合企业的资源能力和市场定位。①目标的拟定需要基于对企业内部能力和外部环境的全面评估，包括分析企业的优势、劣势，以及面临的市场机会和潜在威胁。例如，旅游企业可能需要考虑新兴技术的应用、消费者行为的变化、竞争对手的策略以及经济和法律环境的影响。②目标应具体而明确，能够被量化和衡量。例如，企业可能设定的战略目标包括在特定时间内提高市场占有率、增加特定区域的旅游客流量、提升品牌知名度或实现一定比例的收入增长。③目标应该具有可实现性和适应性，在设定目标时，需要考虑企业的资源限制和市场条件，确保目标既具有挑战性，又在企业的能力范围之内，并且目标应当具有一定的灵活性，以适应快速变化的市场环境。

3. 评价论证

在旅游业战略目标拟定之后，进行目标方案的评估和论证是一个关键步骤，这一过程涉及对目标方向的正确性、目标的可行性以及目标完善程度的综合评价。以下是对这些方面的详细剖析。

第一，评估目标方向的正确性。应确保所定目标与旅游企业的长远愿景和核心使命相符，同时要考虑目标是否与当前的市场趋势和客户需求相吻合。目标的正确性直接关系到企业未来的发展方向和市场地位。

第二，对战略目标的可行性进行评估。分析企业是否拥有或能够获取实现这些目标所需的资源和技术，以及在当前的经济和市场环境中目标是否现实。考虑目标是否能够在预定的时间框架内实现，以及是否存在潜在的风险和挑战。

第三，对目标的完善程度进行评价。评价的关键点包括目标的明确性、内容的一致性以及阶段性。目标需要是明确且具体的，以避免多义性或模糊性。目标内容应当协调一致，确保在实现某一目标时不会牺牲其他目标。考虑到战略目标通常跨越较长时间，可将其划分为几个阶段，分阶段评估每个目标的可行性以及与整体战略目标的关联性，以确保整体目标的顺利实现。

4. 目标决断

旅游业战略目标的决断是一个复杂且关键的过程，它要求管理者进行深入的分析和权衡以确保目标的实际可行性和有效性。首先，决断过程始于对当前市场状况的全面评估，包括行业趋势分析、竞争对手的战略动向，以及消费者行为和需求的变化，这些分析帮助决策者理解行业的动态和企业在市场中的位置，以便更好地制定与企业愿景和能力相匹配的目标。其次，战略目标的决断需要综合考虑企业的内部资源和能力，这涉及对企业的财务状况、人力资源、技术能力以及现有业务模式的评估，通过这一评估，旅游企业可以确定哪些目标是在现有资源和能力范围内可实现的，同时能识别出需要进一步资源投入或能力建设的领域。例如，如果一个旅游企业希望扩大到新的国际市场，它需要评估自身是否具备国际运营的能力和资源，包括跨文化管理能力、国际市场的营销策略等。最后，旅游业的战略目标决断要考虑长期的可持续性，目标既需要在经济上可行又需要符合环保和社会责任的原则，随着全球对可持续旅游的重视程度日益提升，制定符合生态保护和社会发展需求的目标变得重要，这种目标决断有助于确保旅游企业在追求经济利益的同时，能为社会和环境带来正面影响。

（三）战略目标的制定方法

1. 时间序列分析法

该方法涉及收集和分析历史数据，以识别行业趋势、周期性波动、季节性变化和长期模式。在旅游领域，时间序列分析可以帮助企业预测未来的旅游需求、市场变化和消费者行为趋势，例如，通过分析过去几年的旅游人数、旅游收入和旅游者偏好的数据，旅游企业可以预测未来的市场热点和潜在的增长区域。在制定战略目标的过程中，时间序列分析法还可以帮助企业评估特定战略举措的潜在效果，企业可以利用历史数据来模拟特定战略变更可能带来的影响，如新的市场营销策略、新产品推出或服务改进。这种方法的关键是理解数据中的模式和趋势，然后将这些见解转化为实际的战略目标。例如，如果数据显示一种特定类型的旅游产品在过去几年中需求增长迅速，企业可能会将发展和完善该类型产品作为其战略目标之一。

2. 盈亏平衡分析法

盈亏平衡分析法是旅游业制定战略目标时的一个重要工具，主要用于评估特定战略目标的财务可行性和风险。这种分析通过确定达到盈亏平衡点所需的最小销售量或服务量，帮助旅游企业了解实现特定目标所需的资源和努力程度。例如，在考虑推出新的旅游路线或服务时，旅游企业可以使用盈亏平衡分析来估算必须售出的最少旅游套餐数量，以覆盖所有成本并开始盈利。在制定战略目标的过程中，盈亏平衡分析法可以帮助企业理解价格策略对盈利能力的影响，通过分析不同价格点下的成本和收益，企业能够确定最佳定价策略，以平衡利润和市场竞争力。该分析还有助于评估市场变化或成本波动对企业财务状况的影响，使企业能够更好地规划和准备应对潜在的经济挑战。

3. 决策矩阵法

决策矩阵法特别适用于在多个选项中选择最佳的战略方向。这种方法通过创建一个矩阵来比较和评估不同的战略选项，依据设定的评估标准和权重进行分析。每个战略选项根据其在各个评估标准下的表现被赋予相应的分数，然后依据权重进行加权汇总，得出每个选项的总评分。在旅游业中，决策矩阵法可以用于评估不同的市场进入策略、新产品开发、投资项目等。例如，旅游企业可能需要在几个不同的旅游目的地中选择一个进行投资和开发。决策矩阵可以包含诸如市场潜力、成本效益、竞争强度、品牌契合度等评估标准，通过为每个目的地在这些标准下打分，旅游企业能够全面评估每个选项的优缺点，并做出更加客观和全面的决策。

4. 决策树法

决策树就是用数枝分叉形态表示各种方案的期望值，剪掉期望值小的方案枝，剩下的最后的方案即最佳方案。决策树由决策节点、方案节点、概率分枝、结果点等要素组成。决策树的结构如图7-1所示。

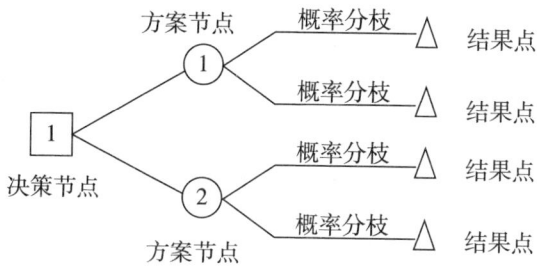

图7-1　决策树示意图

决策树法提供了一个可视化的决策过程框架，这种方法通过绘制决策树，帮助分析不同的战略选择及其潜在的结果和概率，节点代表决策点，分枝代表可能的行动方向或发生的事件。对旅游业而言，应当确定关键的决策节点，如是否开发新的旅游目的地、是否推出新的旅游产品或服务等。围绕这些决策节点，将考虑所有可能的选择并预测每个选择可能带来的结果，这些结果包括市场反应、成本收益分析、潜在的风险和回报等。通过分析不同路径的概率和潜在的收益，决策树揭示了各种战略选择的期望价值，这使得企业能够量化每个选择的风险和回报，并进行比较。此外，决策树能揭示哪些选择有较高的不确定性和风险，帮助企业制定应对策略或选择稳妥路径。

第二节　旅游业竞争战略

一、成本领先战略

在竞争激烈的旅游市场中，成本领先战略成为企业获得市场优势的重要手段。该策略的核心是通过全方位的成本控制和优化，实现比竞争对手更低的运营成本，从而获得价格优势或更高的利润空间。这一战略的成功实施需要各企业在研发、采购、市场营销、服务提供、内部管理等多个环节实现成本控制。

为达到成本领先，旅游企业需在整个价值链中寻找降低成本的机会，包括优化供应链管理、提高运营效率、采用成本效益高的营销策略等。大规模运营也是实现成本领先的关键，通过增加业务量来分摊固定成本，降低单位成本，增强市场竞争力。成本领先不局限于降低单一环节的成本，而是追求整体成本的优化，这种策略的最终目标是在保持质量和服务标准的前提下，通过成本优势在价格上获得竞争力，或者在保持市场价格不变的情况下提高利润率。在实施成本领先战略时，旅游企业需综合考量市场需求、竞争环境和自身资源能力，确保策略的可行性和持续性。

（一）成本领先战略的优势

1. 获得价格优势

通过有效地降低运营成本，旅游企业能够在保持服务质量和产品水平的同时，提供更具竞争力的价格，这种价格优势使企业能够吸引价格敏感的消费者，扩大市场份额。例如，低成本航空公司通过简化服务、优化航线和提高飞机使用效率等措施降低运营成本，进而能够提供比传统航空公司更低的票价，吸引大量旅客。价格优势还可以作为一种竞争工具，使企业在与竞争对手的价格战中占据有利地位。

2. 降低经营风险

在旅游业中，采用成本领先战略的企业通过降低运营成本，有效减少了经营风险。成本控制的有效性既提高了企业的利润空间，还增强了对市场波动的抵抗力。在市场需求下降或竞争加剧的情况下，较低的成本结构使企业更有能力保持利润水平，避免陷入亏损。此外，成本领先增强了企业在价格竞争中的主动权，即使在市场竞争激烈或经济低迷的时期，也能通过合理的价格策略维持市场份额，减少经营风险。例如，在旅游淡季，成本领先的旅游企业可以通过调整价格策略吸引顾客，维持稳定的营业收入。

3. 形成有效的市场进入障碍

当旅游业的企业采用成本领先战略成功地在市场上建立了坚实的基础，它们便能形成有效的市场进入障碍。这种策略通过实现规模经济和控制运营成本，让企业能提供比竞争对手更低的价格，并保持质量和服务水准。新进入者面临的挑战是：他们需要匹配或超越这种成本效率以获得市场份额，这通常需要巨大的初始投资和时间，尤其是在建立品牌认知和客户忠诚度方面。并且成本领先的企业通过长期的运营优化，往往积累了丰富的经验和专业知识，这些都是新进入者难以迅速复制的资产。

（二）成本领先战略的类型

1. 简化产品型成本领先战略

简化产品型成本领先战略是指企业通过简化产品或服务的设计和生产来降低成本。在旅游业中，这通常意味着提供基础但高效的服务，减少不必要的额外功能或奢华元素，以实现成本最优化。例如，一些低成本航空公司和经济型酒店采用这种策略，通过提供无额外服务的基本航班和住宿，去除了常规航空公司和酒店中的附加费用，如免费餐食、宽敞的座位和豪华客房设施。此方法既降低了运营成本，也使产品价格对价格敏感的消费者更具吸引力。简化产品型成本领先战略有助于标准化生产和服务流程，提高效率和一致性，降低错误和变异的可能性。

2.改进设计型成本领先战略

改进设计型成本领先战略主要通过优化产品设计和服务流程来降低成本，并维持或提高产品和服务质量。在旅游业中，这可能意味着重新设计旅游产品、改进服务流程或采用新技术，以实现更高效的运营模式。例如，一些旅游公司可能通过优化旅游线路，减少不必要的停留点，增加热门景点的访问时间，以提高效率和吸引力。酒店或度假村可能通过改进客房设计，如使用能源高效设备和简化清洁流程的材料，来减少运营成本。改进设计型成本领先战略的核心在于创新和效率，通过精心设计的产品和服务，企业能够以更低的成本提供更高价值的旅游体验，取得竞争优势。

3.节约资源型成本领先战略

节约资源型成本领先战略聚焦于最大限度地减少资源使用和废物产生，以降低成本并提高效率。在旅游行业，这通常涉及采用环保和可持续的做法来减少能源、水和其他资源的消耗。例如，酒店和度假村可以安装节能设备，如 LED 照明和太阳能热水系统，以减少能源成本。它们也可以通过实施回收程序、使用可再生资源和提供可持续的旅游活动，来减少对环境的影响。旅游企业还可以通过优化物流和供应链管理，如采用当地供应商，减少运输距离和成本，从而减少碳足迹和运营成本。

4.降低费用型成本领先战略

在劳动力集中的旅游行业中，控制劳动成本是实现成本优势的关键策略。旅游企业可以通过采用多种方式来减少人力成本，如利用廉价劳动力、优化员工培训以提高工作效率，或采取技术自动化以减少对人力的依赖。此外，通过战略性的合并和收购，旅游企业可以有效地管理间接成本，如行政和营销开支。

（三）旅游业成本领先战略实施对策

1.提供标准产品

该策略的首要步骤是对旅游产品和服务进行标准化处理，确保在不同时间、不同地点提供给游客的产品和服务具有一致的品质和特性。例如，酒店业通过标准化房间的装饰、设施和服务流程来降低管理和运营成本，并保持服务质量的一致性。在旅游产品的开发过程中，企业应关注市场需求的共性，而不是个性，开发符合多数游客需求的标准化旅游产品，如经典旅游路线、标准旅游套餐等。

除了产品的标准化，企业还需在服务流程上实现标准化。通过制定统一的服务标准和操作流程，企业可以有效提高服务效率，减少资源浪费，并且有助于企业在培训新员工时节省时间和成本，因为标准化的操作流程更容易被理解和掌握。最终，这种标准化策略既能够降低成本，还能提高客户满意度。

2. 实行规模化

在旅游业中，通过扩大业务规模，企业能够降低单位成本，在市场竞争中获得优势。这主要通过两种方式实现：一是扩大服务覆盖范围，二是增加服务项目和产品的种类。

第一，扩大服务覆盖范围意味着企业不局限于某一地区或市场，而是拓展到广泛的地域，这可以通过建立分支机构、合作伙伴关系或通过线上服务实现。例如，旅游公司可以在国内外多个旅游热点建立分支机构，提供一系列标准化服务，以吸引更多游客。通过规模化运营，旅游企业能够利用大规模购买优势，如大批量采购酒店用品、食品和饮料，以较低的价格获取资源。

第二，增加服务项目和产品的种类。通过提供多样化的旅游产品和服务，如不同类型的旅游套餐、特色旅游活动和定制服务，企业能够吸引不同需求的游客。这种多元化策略有助于企业更好地利用资源，提高效率，因为它使企业能够根据市场需求的变化灵活调整服务和产品。规模化经营还可以使企业在营销和广告投放上获得成本效益，因为相同的营销活动可以覆盖广泛的市场和客户群。

3. 实行成本管理

实行成本管理主要包括两方面：系统化的成本控制和持续的成本优化。

第一，系统化的成本控制意味着企业需要建立一套全面、系统的成本控制机制，包括成本预算制定、成本监控、成本分析和成本报告等多个环节。企业首先要制定明确的成本预算，以指导和限制日常运营中的开支。成本预算应该基于市场研究、历史数据和业务预测来确定。在成本控制的实际操作中，企业需要监控实际开销与预算之间的差异，并对超支的原因进行分析，这既涉及财务成本，还包括人力资源成本、物料成本和时间成本等。为了实现有效的成本控制，企业还需要建立一套完善的内部报告系统，以确保管理层可以及时获得关于成本控制情况的准确信息。

第二，持续的成本优化意味着企业需要不断寻找提高效率和降低成本的新方法，例如，通过采用新技术来提高操作效率，或通过重新设计工作流程来减少浪费。此外，成本优化包括寻找更优惠的供应商、采用节能方案和实施环保措施来降低能源成本。在持续的成本优化过程中，企业还需要考虑到长期和短期成本之间的平衡，避免因过分追求短期成本降低而损害长期的业务发展。

4. 加强与行业价值链中其他活动的联系

（1）企业需要与供应商建立紧密的合作关系

通过与供应商的紧密合作，旅游企业可以获得优惠的价格和高质量的服务。例如，通过长期合同或大宗采购来降低采购成本。此外，企业可以与供应商共同开展产品开发，创新服务，以提高产品的附加值和吸引力。在这个过程中，企业应该选择那些能提供高效服务、支持快速响应和具有良好信誉的供应商作为合作伙伴。

（2）企业需要与销售渠道和客户建立良好的关系

这包括了解客户的需求，提供定制化服务，以及通过有效的市场营销策略来提高产品的市场占有率。与销售渠道的密切合作有助于提升产品的分销效率，降低库存成本。例如，企业可以通过与在线旅游代理商的合作，提供更具竞争力的套餐和优惠活动，以吸引更多的客户。

（3）企业应该关注内部各部门之间的协作和协调

各部门之间的有效沟通和合作对于实现整体成本管理重要。例如，市场营销部门的市场分析可以为产品开发提供宝贵的信息，而财务部门的成本控制措施可以支持各部门有效利用资源。通过这种内部协作，企业可以更好地控制成本，优化资源分配，提高整体运营效率。

二、差异化战略

（一）差异化战略的内涵

差异化战略，或称为独特性战略，是企业通过创造与众不同的产品、服务或品牌形象来与竞争者区别开来的一种方法。这种战略的关键在于打造独一无二的产品或服务，让其在整个行业中和消费者心中脱颖而出。实施这种战略的企业的目标是通过提供独特的产品或服务来吸引顾客，获得市场份额，并实现比行业平均水平更高的盈利。通过这种方法，企业能够增强顾客对品牌的忠诚度。因此，差异化战略被认为是实现超过行业平均盈利水平的有效竞争策略之一。

（二）差异化战略的优势

1. 降低替代品的威胁

通过提供独特且难以复制的产品或服务，企业能够在市场中建立一个鲜明且专属的地位。这种独特性使得顾客难以找到具有相同价值和特性的替代品，进而减少了替代品的吸引力。例如，一个旅游企业如果提供独特的文化体验或定制服务，消费者就很难在其他企业中找到相似的替代产品。

2. 增强讨价还价的能力

差异化战略通过提供独特、高质量的产品或服务，创造出与众不同的市场定位，使得企业在与顾客或供应商的交易中拥有更多的话语权。例如，如果一个旅游企业能够提供独特的旅游体验或高端定制服务，它就能够对其产品或服务定价更高，因为顾客认为这种独特性是值得额外支付的。差异化也使企业在与供应商的交易中处于有利地位，因为其独特的市场需求可能需要特定的供应链支持，供应商为了保持合作关系，可能会提供优惠的条件。

3. 保持领先的地位

差异化战略侧重于开发独特的产品或服务，创新或提升旅游体验，使之与众不同。例如，一个旅游企业可能通过提供特色文化体验、高端定制旅行或环保可持续的旅游选项来区别于其他企业。这种独特性不仅吸引了特定的顾客群体，还为企业建立了独一无二的品牌形象。在市场上，这种差异化策略使企业成为特定领域或细分市场的领导者，为企业赢得了高度的市场认可和品牌忠诚度。这种领先地位通常是建立在创新和独特价值之上，竞争对手很难在短时间内模仿或超越，因此差异化战略为企业提供了持续的市场优势和竞争壁垒。

（三）旅游业差异化战略实施对策

1. 创新旅游产品和服务

实施差异化战略的首要对策是创新旅游产品和服务。旅游企业应深入研究市场需求，探索未充分满足的市场细分和潜在需求，然后设计独特的旅游产品和服务以满足这些需求。例如，为追求特殊体验的游客提供定制化的旅行套餐，包括专属向导、独特的当地体验等。企业也可以通过整合当地文化元素，提供独具特色的文化体验旅游，如民俗体验、历史遗迹探索等。创新不限于产品本身，还应包括服务方式的创新，如利用数字技术提供个性化的服务建议，增强客户互动体验等。通过这些创新，旅游企业可以在竞争激烈的市场中脱颖而出，吸引并保留更多的客户。

2. 加强品牌建设和营销策略

差异化战略的成功执行还需要强有力的品牌建设和营销策略。旅游企业应着力塑造独特的品牌形象，明确品牌定位，突出其旅游产品和服务的独特性。品牌传播应通过多渠道进行，包括传统媒体、社交媒体、网络营销等，以扩大品牌影响力。可以通过故事化的营销手段，将产品或服务的独特价值和体验传递给潜在客户，增强品牌吸引力。此外，建立与客户的情感联系也是品牌建设的关键，企业可以通过定期举办活动、提供客户专属优惠等方式，培养客户的品牌忠诚度。

3. 提高服务质量和客户体验

旅游企业应不断提升服务水平，关注客户反馈，及时优化服务流程，例如，提供个性化的服务，如根据客户偏好定制行程、提供多语种导游服务等。同时，企业可以利用技术手段，如移动应用、虚拟现实等，提升客户体验。应注重培训员工提供高标准的服务，优秀的员工团队能够确保客户获得满意的旅游体验。通过这些措施，企业能提升自身的竞争力，在客户心中留下深刻的印象，促进口碑传播和重复消费。

三、集中化战略

（一）集中化战略的类型

聚焦战略是企业将业务集中于特定细分市场的一种经营方式，它是基于这样一个认识：通过专注于某一特定领域，企业能够高效、专业地满足该细分市场的独特需求，从而在这一特定领域内获得竞争上的优势。在实施聚焦战略时，企业通常会选择成本领先或差异化的路径。采用成本领先聚焦战略的企业旨在为目标市场提供成本效益最高的产品或服务；而采用差异化聚焦战略的企业致力于在目标市场中创造独特的产品或服务体验。

（二）集中化战略优势

1. 经营目标集中，管理简单方便

集中化战略使企业能够集中资源和努力，专注于一个特定的市场细分或产品领域。由于目标市场较为狭窄，企业可以深入地了解和满足这个细分市场的特定需求，而不需要面对广泛市场的复杂性和不确定性。这种集中的经

营方式使管理简单方便，因为企业可以减少对多个市场或产品线的关注，进而使决策过程高效、直接。企业能够制定出针对性强、执行力高的战略，因为其操作范围较小，且对市场的理解深入。

2.深入钻研，有助于提高专业技术

当一个企业选择专注于特定的市场细分或产品类型时，它就能集中资源和精力于这一领域的深入研究和开发，这种专注使企业能够深入地了解目标市场的特定需求和偏好，以及如何通过技术创新和产品改进来满足这些需求。由于资源集中，企业有更多机会投资于相关的研发活动，可以有效地进行产品创新和技术改进，这既可以提升产品的质量和性能，还可以增强企业的核心竞争力。例如，在特定技术或服务领域的深度研究可能会导致专利技术或独特服务模式的开发，进而为企业带来市场领导地位。此外，集中化战略有助于企业在所选领域内建立专业品牌形象，通过专注于特定的产品或服务，企业可以在消费者心中建立起专业和可靠的形象，专业技术的提升和专业形象的建立，使企业在目标市场中脱颖而出。

（三）旅游业集中化战略的对策

1.市场细分专注

旅游业在实施集中化战略时，首要的对策是对市场进行细分，专注于一个或几个具体的市场细分领域，这意味着企业需要进行深入的市场研究，以确定最具潜力和最符合企业资源与能力的细分市场。例如，企业可以选择专注于冒险旅游、文化旅游、生态旅游等特定类型的旅游产品。专注于特定市场细分领域，企业能精确地满足这一市场段的需求，利用其专业知识和资源，为顾客提供独特的旅游体验。

2.提升服务质量

集中化战略的另一核心对策是提升服务质量。专注于特定的市场细分领域使企业能够深入地了解客户需求和偏好，提供定制化和高质量的服务。例如，针对文化旅游市场，企业可以提供深度的文化解读、专业的导游服务，或者与当地文化紧密结合的独特体验。高质量的服务可以吸引更多顾客，增强顾客的忠诚度和口碑传播，在竞争激烈的旅游市场中获得优势。

3.强化合作伙伴关系

在集中化战略中，与其他行业相关联的企业建立合作关系也非常重要，这可能包括与当地社区、旅游景点、酒店、交通服务提供商等建立合作伙伴关系。通过合作，企业能提供全面的旅游服务，共享资源，降低成本，增加收入来源。例如，与当地民宿建立合作关系，可以为游客提供地道的住宿体验，同时支持当地社区的经济发展。

四、整合战略

（一）整合战略的概念

整合战略，作为一种创新的市场营销方法论，侧重于将不同的营销元素协调一致地组合起来，以期实现营销活动的最高效益。这种战略注重在组织的内外部实现资源的最优分配，确保管理流程与市场环境之间的无缝对接，目的是通过多元化的营销手段，实现市场目标和提升品牌影响力。

（二）整合战略的特点

1.以资源的优化配置为目标

在实施整合战略时，企业会全面评估其拥有的所有资源，包括人力、财力、技术和信息资源等，并根据市场需求和企业目标对这些资源进行有效整合和配置。整合战略的目的在于确保企业能在正确的时间，将正确的资源投入正确的市场活动中，实现高效的运作和最大化的市场影响。通过资源的优化配置，企业能够更好地响应市场变化，把握市场机遇，最终提升企业的竞争力。但整合战略的前提是企业既需要精通资源管理，还需要具备强大的市场洞察力和灵活的策略调整能力。

2. 以"精细化管理"营销模式为根本

企业通过深入分析市场数据和消费者行为，精准定位目标市场和消费者群体。该方法要求企业收集大量的市场和消费者数据，并对这些数据进行深度分析和解读，发现潜在的市场趋势和消费者需求。基于这些分析，企业可以开发出符合市场需求的产品和服务，以及精准的市场推广策略。精细化管理还意味着在产品设计、生产、销售和服务等各个环节实现高效和优化，通过在这些环节中应用精细化管理的原则，有效地控制成本，提升运营效率，保持市场竞争力。

3. 以市场信息化为必要条件

企业必须拥有强大的信息收集和处理能力，以便能够快速、准确地捕捉市场动态和消费者趋势。市场信息化强调数据的分析和应用，通过利用先进的信息技术，如大数据分析、人工智能、云计算等，企业能够从海量的市场和消费者数据中提取有价值的洞察，帮助制定精准有效的营销战略。

4. 整合战略突出表现市场

整合战略通过高效地整合企业的各种市场资源和活动，创造出比单独操作时更大的市场影响力和价值。整合战略的关键在于确保所有市场活动和资源都围绕着统一的目标和品牌信息来协调运作。在实施整合战略时，企业会重点关注市场的细分和目标客户群的精确定义，然后通过各种渠道和手段，如数字营销、社交媒体、事件营销等，来有效触达这些目标客户，通过这种方式，企业能够在市场中形成一种统一而强大的声音，在消费者心中树立明确且一致的品牌形象。此外，整合战略意味着在不同的市场活动之间寻找协同点，以实现资源的最大化利用。例如，企业可能将内容营销、公关活动和传统广告相结合，产生一致和有力的市场推广效果。

（三）旅游业整合战略的对策

1. 资源整合

旅游业的资源整合是整合战略的重要一环，这涉及对旅游目的地的自然资源、文化遗产、基础设施、服务设施等进行综合利用和优化配置。目的是通过资源整合，打造具有特色的旅游产品，提升旅游目的地的吸引力。资源整合还涉及跨行业合作，如与当地农业、手工艺品制作、文化艺术等产业的结合，创造独特的旅游体验。

2. 品牌整合

品牌整合在旅游业中的重要性体现在创造一个连贯、一致的品牌形象上，这对于塑造消费者的认知和忠诚度重要。品牌整合的关键在于确保所有品牌触点，无论是线上还是线下，都传达相同的品牌信息和价值观，这包括广告、促销活动、社交媒体发布以及直接的客户服务体验。例如，如果一个旅游公司主张提供高端定制旅游服务，那么其网站、广告、社交媒体内容和现场服务等应反映这一品牌承诺。品牌整合还需要考虑到客户体验的一致性，确保在不同的服务触点和交互中维持相同的服务标准和品牌语调。内部的员工培训和文化也应与外部的品牌形象相契合，员工应被教育和鼓励在其日常工作中体现和推广公司的核心价值和品牌理念。

3. 合作伙伴关系整合

与供应商、地方政府、旅游促进机构等建立稳固的合作伙伴关系。通过整合各方力量，可以更有效地推广目的地、共同解决行业问题、共享资源和信息，以及共同开发新的旅游产品和服务。这种合作关系的建立对于应对市场变化、提高竞争力至关重要。

第三节 旅游业发展战略

一、增长型战略

笔者从四个角度按矩阵的方式来分析增长型战略，如图 7-2 所示。

产品

	现有产品	新产品
现有市场	市场渗透	产品开发
新市场	市场开发	多元化

市场

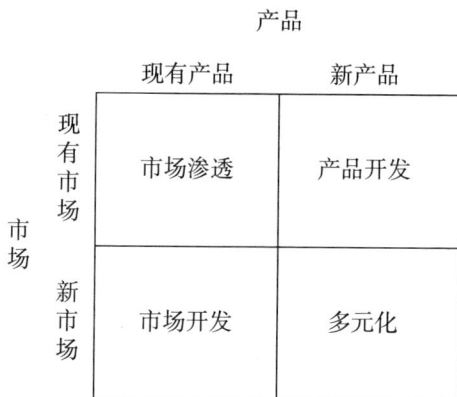

图 7-2　四种增长型战略矩阵图

通过图 7-2 可知，该图主要包括两个维度，即产品维度和市场维度。产品维度涉及决定是继续销售现有的产品线还是投入资源开发全新的产品。市场选择则涉及是在已有的市场中继续深耕，还是探索并进入全新的市场。这两个维度共同决定了企业的增长策略和方向，对企业未来的发展和成功具有重要的影响。

（一）市场渗透

市场渗透策略关注于增加现有产品在其现有市场的销售量和市场份额。企业通过加强营销活动、优化服务、扩大销售网络等方式，增强在现有市场的存在感和竞争力。例如，一个餐饮品牌可能通过增加广告投放、推出新的促销活动或改善对顾客的服务来吸引更多顾客，提高在现有市场的销售额。

（二）市场开发

市场开发策略侧重于用现有产品进入新的地区或市场。这涉及对新市场的研究和分析，以及对企业自身能力的信心。新市场可能是不同的地理区域，如国际市场，或现有市场中未被充分开发的细分市场。例如，一家国内成功的服装品牌可能会尝试进入国际市场，或者针对特定年龄段或兴趣群体的细分市场推广其产品。

（三）产品开发

企业通过开发新产品或引入创新服务来扩展其业务范围。产品开发策略强调企业的创新能力，将新产品开发视为推动企业持续增长的关键。这涉及对市场趋势的洞察和对顾客需求的敏感度。例如，一家科技公司可能会开发一种新型智能设备来抓住新兴市场的机会。

（四）多元化

多元化策略涉及开发新产品并同时寻找新市场，以实现业务的多样化和增长。多元化可能是企业成长的一种方式，通过进入不同的市场领域，企业可以降低风险并探索新的收入来源。例如，一个主要从事家电生产的公司可能会进入娱乐电子产品市场，或者通过与其他行业的合作拓展其业务范围。

二、稳定型战略

稳定型战略主要针对企业面临的特定情形，如环境变化或发展阶段的转换，此时企业选择在一段时间内保持现状，不追求大规模的扩张或重大变革。这种战略适用于企业在经历了一段快速增长后，需要时间整合资源、巩固市场地位或调整内部结构。企业通过这种战略，可确保稳健的发展，避免由于盲目扩张或过度投资而导致的潜在风险。它强调在现有业务范围内提高效率，优化管理，稳固市场份额，为未来的发展积累力量。简而言之，稳定型战略是企业在特定时期选择的一种有序、稳健发展的路径，目的是更好地应对未来的挑战和机遇。

（一）无变化战略

无变化战略是旅游企业在特定情况下采用的一种稳定型战略，其核心是维持现有的业务模式和市场策略，不寻求新的市场机会或业务扩张。无变化战略适用于市场环境稳定、企业运营良好的情况，或当企业需要时间进行内部整合和资源优化时。在实施无变化战略时，旅游企业会专注于现有产品和服务的质量提升，强化客户关系管理，确保现有市场的稳定性和盈利能力。

企业还会避免进行高风险的投资和创新尝试，减少不必要的开支，以保持财务稳定和运营效率。

（二）维持利润战略

维持利润战略主要目的是在现有的市场环境下保持利润水平，而不积极寻求扩展市场或增加收入。维持利润战略通常适用于市场成熟、增长放缓或企业处于转型期等情况。在实施维持利润战略时，旅游企业会专注于优化现有业务流程，减少不必要的成本和开销，提高运营效率。企业可能会削减或暂停非核心业务的投资，集中资源和注意力在最盈利的产品或服务上。此外，企业可能通过改善客户服务、强化品牌忠诚度等方式来保持现有客户基础，稳定收入来源。

（三）暂停战略

暂停战略，通常在企业经历了一段快速发展之后实施，旨在通过减缓增长速度来解决企业面临的问题，优化运营效率。暂停战略的实施意味着企业会暂时放慢扩张步伐，减少新投资，专注于现有业务的内部整合和效率提升。在此期间，企业可能会重新评估市场策略、调整产品线、优化管理流程或进行组织结构调整。暂停战略的核心是使企业在短期内稳定下来，处理累积的问题，如成本控制、质量管理、员工培训等，以避免长期效率下降和资源浪费。暂停战略允许企业管理层有时间对市场变化作出更精准的判断和响应，为下一阶段的增长或转型做好规划，有助于企业稳固基础，为未来的持续发展做好准备。

（四）谨慎实施战略

谨慎实施战略是在企业面对不确定或不稳定的外部环境时采取的一种策略，要求企业在决策和实施过程中保持灵活性和审慎性，避免在不明朗的市场状况下盲目扩张或作出重大投资。具体来说，企业会优先考虑风险较低、投资回报期较短的项目，并增强市场研究和环境监测，以便及时调整策略以应对可能的市场变化。在关键决策时应进行全面和深入的风险评估，确保每一步行动都有充分的事前准备和后备方案。

三、紧缩型战略

（一）收缩战略

1.规模收缩

规模收缩是指企业减少其业务规模或活动范围以适应市场变化或提高运营效率。在旅游业中，这可能意味着减少旅游服务的数量、缩小服务区域、裁减员工数量或关闭一些不再盈利的业务单元。例如，一家旅行社可能会减少提供的旅游路线种类，或者暂停那些需求减少的服务。该策略有助于企业降低成本，聚焦于最核心和最有利可图的业务领域，在财务上保持稳健。

2.范围收缩

范围收缩则关注于精简产品和服务的多样性，将企业资源集中于核心业务。在旅游行业中，这可能表现为集中力量发展某几个受欢迎的旅游目的地或特色服务，而舍弃那些边缘或利润较低的服务。例如，一家酒店集团可能选择关闭某些地理位置不佳或经营不善的分店，集中资源优化其在主要城市的酒店服务。

（二）剥离与清算

1.资产出售

在旅游业中，企业可能会选择出售其非核心业务或亏损部门的资产，以获取现金流并集中资源于更有利可图或战略性的业务领域。例如，一家拥有多家酒店的集团可能会出售那些位置不佳或经营效率低下的酒店，或者将某些非核心的旅游相关业务（如旅游纪念品店、餐饮服务等）剥离出去。这种策略有助于企业优化资产结构，减轻负债压力，并可能为新的投资或业务转型提供资金支持。

2. 公司分立

在某些情况下，旅游企业可能通过分立的方式来进行结构调整。公司分立涉及将企业的不同业务部门或分支机构独立出来，形成新的法人实体。例如，一个大型旅游集团可能将其酒店业务和旅行社业务分离，使每个业务能够专注于其特定市场，根据各自市场的需求和竞争条件进行独立运营。通过分立，企业可以提高管理效率和市场响应速度，还能更灵活地应对市场变化和业务风险。

四、一体化战略

（一）前向一体化

指企业向产业链的下游方向扩展，即接近客户端的业务。这种战略让企业可以直接控制其产品的分销和零售环节。例如，航空公司投资酒店或餐饮服务，通过这种方式，企业能够提供全面的服务体验，增强与客户的直接联系。前向一体化适用于那些面临高成本销售商、需要稳定的市场环境或能从市场增长中受益的情况，企业进入前向产业通常需要具备相应的资源和能力。

（二）后向一体化

这是指企业向产业链的上游方向，即供应商领域内扩展。例如，旅行社开发旅游景点，或餐饮企业建立自己的食品供应链。后向一体化能够降低供应成本，提高原材料或服务的可靠性，增强企业对供应链的控制。该战略适合于供应商市场竞争激烈、供应稳定性重要的情况。

（三）横向一体化

横向一体化战略，即在同一产业内进行的扩张，已成为现代企业战略管理的重要趋势。这种策略主要涉及在相同业务或市场领域内通过合并或收购来增强企业的市场地位和竞争力。

1. 合并与收购的动机

横向一体化通过合并或收购实现，旨在通过整合同行业资源来提高市场份额，降低竞争压力，增加议价能力。该战略通常适用于处于增长阶段的产业，尤其当企业有能力扩大规模，或者面对竞争对手的停滞不前时更为有效。

2. 效率与效益

横向一体化使企业能够避免重复建设和资源浪费，优化资源配置。相较于跨行业的扩张，同业合并或收购更易于获得管理和运营效率，因为企业对同行业的市场和运营有更深入的理解。

3. 兼并与收购的形式

在横向一体化中，兼并通常涉及一家占优势的公司吸收一家或多家同行业公司，而收购是企业获取另一家企业的控制权。收购可以是友好的，也可能是敌意的，取决于被收购公司的反应和接受程度。

横向一体化使企业能够在同行业内快速扩张，增强市场控制力，提高竞争优势。然而，这种战略可能引发市场垄断问题，需要受到相应的市场监管和反垄断法律的约束。另外，整合过程中可能出现的文化冲突、管理难题等也是企业在实施横向一体化战略时需要重点关注的问题。

参考文献

[1] 王丽华 . 旅游产业项目实务 [M]. 北京：旅游教育出版社，2019.

[2] 尹华光，姚云贵，熊隆友 . 旅游产业与文化产业融合发展研究 [M]. 北京：中国书籍出版社，2017.

[3] 佘曙初 . 区域文化资源与旅游产业经济协同发展研究 [M]. 北京：经济日报出版社，2019.

[4] 谢雨萍 . 旅游产业融合发展分析 [M]. 成都：电子科技大学出版社，2019.

[5] 王玉珍 . 中国体育旅游产业竞争力研究 [M]. 北京：新华出版社 , 2015.

[6] 孟克巴雅尔 . 乡村旅游驱动乡村振兴的逻辑机理与实践路径 [J]. 农业经济，2023（12）：140-142.

[7] 姚晓燕 . 科技赋能旅游产业高质量发展探析 [J]. 合作经济与科技，2024（2）：30-32.

[8] 邓帅涛，张豪杰 . 物联网技术在乡村旅游发展中的应用 [J]. 合作经济与科技，2024（1）：40-42.

[9] 赵馨，常媛媛，刘耀龙 . 黄河文化旅游带体育非物质文化遗产与乡村旅游融合发展研究 [J]. 四川体育科学，2023，42（6）：85-93.

[10] 孙悦 . 全域旅游背景下乡村旅游促辽宁扶贫振兴的路径研究 [J]. 市场周刊，2023（12）：26-29.

[11] 赵慧 . 旅游产业高质量发展的金融支持研究 [J]. 产业创新研究，2023（22）：75-77.

[12] 马卫.数智赋能时代大数据技术在旅游业与酒店业中的应用[J].数字技术与应用，2023，41（11）：75-80.

[13] 钟学进，阎海梅.乡村旅游产业赋能共同富裕实现：制度逻辑和长效机制[J].南宁师范大学学报（哲学社会科学版），2023，44（6）：24-32.

[14] 刘瑞享，王玉婷.智能城市旅游发展现状与趋势分析[J].智能城市，2023，9（11）：73-76.

[15] 刘磊.智慧旅游研究的知识图谱与热点主题分析[J].智能城市，2023，9（11）：77-80.

[16] 廖思维.数字技术赋能旅游业高质量发展的对策[J].智能城市，2023，9（11）：84-86.

[17] 黑龙江省文化和旅游厅党组理论学习中心组.以产业振兴推进文旅产业融合[J].奋斗，2023（22）：31-32.

[18] 丁磊.大数据时代智慧旅游发展中的信息安全问题研究[J].数字通信世界，2023，（11）：166-168.

[19] 朱邱晗，方宁.数字要素驱动体育旅游产业结构升级：基于文化资本理论视角[J].体育科技文献通报，2023，31（11）：170-173.

[20] 王可欣.基于信息技术的智慧旅游建设问题及对策探讨：以剑川古城智慧旅游系统工程为例[J].企业改革与管理，2023（21）：71-73.

[21] "过去可去，未来已来"，智慧旅游带来消费新体验[J].现代商业银行，2023（22）：8-11.

[22] 何红，拓守恒.数字经济驱动旅游产业高质量发展的作用机理与耦合协调关系：基于西北五省的实证[J].统计与决策，2023，39（20）：78-83.

[23] 江燕燕.数字经济赋能江西旅游产业升级的路径研究[J].商展经济，2023（20）：39-42.

[24] 王玉珍，谢凯旋，张启明，等.黄河流域区域经济—旅游产业—体育产业耦合协调分析[J].山东体育学院学报，2023，39（5）：51-60.

[25] 黎镇鹏，张泽承，任波，等."双碳"背景下中国体育旅游产业低碳发展的现实基础、困境桎梏与实施路径[J].山东体育学院学报，2023，39（5）：61-69.

227

[26] 赵梓菡，陈虎.智慧旅游对城市国际化的驱动原理研究 [J]. 智能建筑与智慧城市，2023（10）：19–21.

[27] 赵睿.河北省旅游产业发展策略研究 [J]. 商展经济，2023（19）：37–40.

[28] 赵响，赵玉莲.乡村体育旅游产业高质量发展机制及驱动路径 [J]. 宿州学院学报，2023，38（10）：61–66.

[29] 丁盈，邓微微，秦绪虹.旅游演艺产品数字化整理策略研究 [J]. 福建电脑，2023，39（10）：34–38.

[30] 王琪.生态旅游管理视角下的旅游管理模式创新研究 [J]. 山东开放大学学报，2023（4）：86–88.

[31] 高璇，聂铄骅.乡村振兴战略背景下乡村旅游发展的途径探讨 [J]. 农业开发与装备，2023（9）：25–27.

[32] 姚永昌，肖云敏.乡村振兴背景下旅游产业结构升级路径 [J]. 旅游纵览，2023（18）：4–6.

[33] 王凯，刘美伦，尹建军.中国旅游产业效率的区域差异及空间收敛性 [J]. 中南林业科技大学学报（社会科学版），2023，17（3）：70–82.

[34] 孟俞彤.乡村旅游产业发展影响因素及对策研究 [J]. 产业创新研究，2023，（16）：87–89.

[35] 刘乐英.旅游产业结构转型背景下旅游经济发展策略研究 [J]. 旅游与摄影，2023（16）：25–27.

[36] 胡翔飞.南京市文化体育旅游发展研究 [D]. 桂林：广西师范大学，2023.

[37] 秦振翼.宁夏体育与旅游融合发展研究 [D]. 兰州：西北民族大学，2023.

[38] 吕然.文化资源视角下东北地区冬季体育旅游创新发展研究 [D]. 长春：吉林大学，2022.

[39] 马君怡.文旅融合视角下红色旅游高质量发展评价研究 [D]. 沈阳：沈阳师范大学，2022.

[40] 张新成. 文化和旅游产业融合质量评价及空间溢出效应研究 [D]. 西安：西北大学，2021.

[41] 杨琴. 乡村旅游业高质量发展研究 [D]. 湘潭：湖南科技大学，2020.

[42] 刘祥恒. 旅游产业融合机制与融合度研究 [D]. 昆明：云南大学，2016.